COCHINCHINE FRANÇAISE

J. SILVESTRE

NOTES

POUR SERVIR A LA RECHERCHE ET AU CLASSEMENT

DES

MONNAIES ET MÉDAILLES DE L'ANNAM

ET DE LA

COCHINCHINE FRANÇAISE

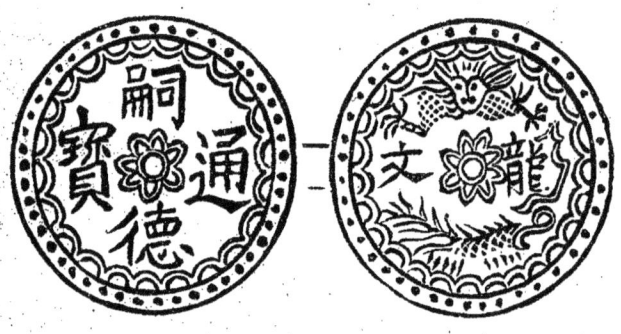

SAIGON
IMPRIMERIE NATIONALE
—
1883

COCHINCHINE FRANÇAISE

J. SILVESTRE

NOTES

POUR SERVIR A LA RECHERCHE ET AU CLASSEMENT

DES

MONNAIES ET MÉDAILLES DE L'ANNAM

ET DE LA

COCHINCHINE FRANÇAISE

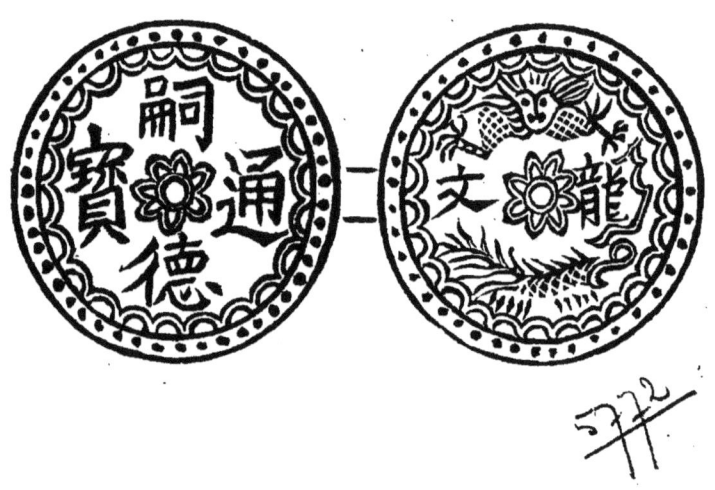

SAIGON
IMPRIMERIE NATIONALE

1883

NOTES

POUR SERVIR A LA RECHERCHE ET AU CLASSEMENT DES MONNAIES
ET MÉDAILLES DE L'ANNAM ET DE LA COCHINCHINE FRANÇAISE,

Par J. SILVESTRE.

ANNAM.

S'il y a 24 ans que l'Annam a pris une place — place encore trop modeste — dans les préoccupations de la politique coloniale de la France, on peut dire, à peu près à coup sûr, que ce n'est que depuis 1873 qu'on s'en occupe quelque peu ailleurs. Il n'a pas fallu moins que le hardi coup de main de Francis Garnier au Tonquin, sa triste fin et la campagne ouverte par M. Dupuis et ses amis devant l'opinion publique et le Parlement français, pour attirer l'attention de la presse européenne et de quelques sociétés savantes sur l'un des empires les moins connus de l'Extrême-Orient. Et encore, combien de gens se font une idée exacte de son importance? Combien savent qu'il s'agit là d'un grand pays, de 18 millions d'âmes répandues sur d'immenses territoires dont le nom collectif d'*Annam* comprend les régions connues sous les dénominations de *Tonquin* et de *Cochinchine*?

Quoi qu'il en soit, puisque des faits récents viennent d'accentuer encore davantage cet éveil de l'attention publique dans ce sens; — puisque, surtout, le Gouvernement de la Cochinchine française a ouvert, dans ses *Excursions et Reconnaissances,* une voie facile à la propagation des études poursuivies par les chercheurs, au milieu des questions locales, le moment nous semble venu d'oser apporter, nous aussi, notre petite pierre à l'édifice.

On sait que l'histoire de l'Indo-Chine orientale est encore à faire. Tout ce qu'on connaît du passé des peuples qui l'habitent a été mis à contribution sans avoir produit rien qui pût satisfaire aux légitimes exigences de la science : l'ouvrage de Mgr Pallegoix; les *Chroniques royales du Cambodge*, découvertes par le commandant de Lagrée et savamment commentées par M. Aymonier; les compilations de MM. Legrand de la Liraye et Bouillevaux; enfin, la remarquable étude faite par F. Garnier dans le *Voyage d'exploration en Indo-Chine*, résument l'ensemble des connaissances confuses et incomplètes acquises jusqu'à ce jour. C'est là, principalement, et en s'aidant aussi des ouvrages des auteurs annamites, tels que l'histoire de M. P.-J.-B. Trương-vĩnh-ký, les *Bính* et *Đại-nam-thiệt-lục*, le *Gia-định-thung-chi*, et des travaux de M. de Lagrée et des missionnaires en Chine et dans l'Indo-Chine, que l'on cherche le fil conducteur qui permettra de démêler la vérité de la fable qui l'enveloppe le plus souvent.

L'on n'a pas encore découvert de documents qui relient franchement le passé des peuples indo-chinois à l'histoire générale de l'Asie, et il faut avouer même que l'on cherche encore à tâtons la clef du mystère qui entoure ces prodigieuses ruines qu'on rencontre dans le bassin du Tonly-sâp, dans toute l'étendue de la vallée du Mékong et jusqu'au Bình-định. S'il nous est permis d'émettre un avis sur les résultats insuffisants des premières recherches, nous dirons qu'on a peut-être fait fausse route ou qu'on s'est trop facilement découragé; on a trop négligé les documents exacts que doivent fournir la bibliographie et la numismatique, pour s'attacher presque exclusivement à l'archéologie et, surtout aux monuments épigraphiques. Cependant, aucun élément ne saurait être négligé et il y a grand intérêt, nous oserons dire qu'il y a même urgence à ce que ces veines, laissées imprudemment de côté depuis la mort du regretté G. Janneau, soient explorées minutieusement et exploitées sans retard. Dans ces pays si souvent envahis, pillés, incendiés, bouleversés de toutes façons par les forces naturelles ou le fait des hommes, et eu égard au caractère et aux mœurs des populations, combien de documents précieux se sont perdus ou sont exposés à se perdre? — manuscrits cachés dans les bonzeries, fragiles feuilles de palmier sur lesquelles un calligraphe cambodgien a fixé, de la pointe de son stylet, des légendes qui s'oubliaient, ou témoins métalliques égarés dans quelque coin bien ignoré, où ils sont destinés à se perdre à tout jamais si l'on n'y prend garde.

Il est inutile d'insister, pensons-nous, sur l'intérêt immédiat qu'a la France à ne rien laisser négliger de ces monuments, aujourd'hui qu'elle a posé solidement, aux bouches du Mékong, les bases d'un empire colonial destiné, par la seule force des choses, à prendre dans un avenir peut-être bien prochain un développement si considérable, en étendant son influence, ses relations politiques et commerciales, sinon ses agrandissements, autour de la Basse-Cochinchine et jusque vers les frontières méridionales du Céleste-Empire.

C'est pour ces motifs que nous nous décidons à publier ces *Notes*. Parmi nos camarades, il est maint travailleur qui, ainsi que celui qui parle ici, amasse silencieusement et depuis longtemps des matériaux. La timidité et je ne sais quel sentiment de méfiance de soi-même, retiennent les travaux au fond des tiroirs. Cette réserve s'explique jusqu'à un certain point par la certitude que nous avons d'avoir commis de nombreuses et grosses erreurs, — erreurs de faits et erreurs d'appréciations, — mais erreurs inévitables, en l'état présent des connaissances acquises. Et pourtant, quelque critique que doive soulever une question, ne faut-il pas toujours en venir à la poser, si l'on en veut provoquer la solution?

Le pays d'Annam et son histoire ont été explorés trop superficiellement jusqu'à ce jour pour qu'on puisse se flatter de posséder les éléments certains et complets d'une *Numismatique annamite*; aussi notre travail n'a-t-il que la simple prétention d'aider le numismate dans la recherche et la classification des monnaies et médailles. Ce premier essai sera peut-être jugé utile, étant donné que l'Annam n'a pas encore de place bien marquée dans le champ de la Numismatique, et, pour si modeste que puisse être cette place, encore avons-nous le droit de la revendiquer.

Mais, cette *Numismatique annamite* étant à créer de toutes pièces, nous devons évidemment nous appliquer, avant tout, à bien délimiter le terrain des investigations et à dresser, aussi exactement que possible, le tableau chronologique des personnages historiques dont les *chiffres* peuvent être reconnus sur les pièces, en notant les faits principaux qui sont susceptibles de fournir des indications touchant les personnes, les époques, les localités, en un mot, toutes les circonstances quelconques ayant pu entraîner des conséquences métalliques. Cette sérieuse considération nous a conduit tout naturellement à débuter par un aperçu de l'histoire de l'Annam, un résumé des plus brefs et dont la matière nous a été fournie par les publications de MM. Legrand de la Liraye, Aubaret, Trương-vĩnh-ký, traducteurs eux-mêmes des auteurs indigènes.

Le lecteur remarquera que, pour les noms chinois, nous avons fait usage de l'orthographe de M. Paul Perny, comme nous avons employé, pour les noms annamites, les *quốc-ngữ*, si heureusement imaginés par les anciens missionnaires, et nous nous sommes abstenu le plus possible d'empiéter sur le domaine de la linguistique en donnant des traductions la plupart du temps très-discutables.

Nous avons désigné le plus souvent les princes par leur nom privé, jusqu'au moment où les historiographes les ont eu dotés, après leur mort, d'un *titre dynastique*. Il est bon de dire, pour les personnes auxquelles les choses de l'Indo-Chine sont peu familières, que, depuis plus de 900 ans, les Annamites ont emprunté à la Chine la coutume de distinguer, dans les dynasties royales, chaque souverain par son *chiffre de règne* et par son *titre dynastique*, l'un et l'autre indépendants du nom privé. Le *chiffre de règne* est un vocable, symbolique en quelque sorte, qu'adopte le prince, lors de son avénement, et qui, au dire de certains lettrés, représente l'idée politique, ou religieuse, ou sociale, etc., qui passe pour l'inspirer, ou les espérances du nouveau règne. Ces *chiffres* servent à la supputation des temps, et ce procédé n'est pas des plus commodes, en raison de la coutume superstitieuse qu'ont eue un grand nombre de souverains, de changer une ou plusieurs fois de *chiffre* au cours d'un règne, dans l'espoir de détourner la fortune contraire. Dans le langage ordinaire, les Européens ont l'habitude d'user de ces *chiffres* comme d'un nom propre. C'est évidemment une erreur, mais une erreur admise un peu partout aujourd'hui, et qui aide singulièrement à démêler ces histoires si embrouillées. Ce sont toujours ces *chiffres de règne* qui figurent à l'avers des monnaies et médailles, et nous remarquerons que, quelle que soit la date de la mort du roi défunt, son *chiffre* continue à avoir cours jusqu'à l'accomplissement entier de l'année entamée, son successeur n'inaugurant le *chiffre* qu'il a adopté qu'à partir du premier jour de l'année suivante. Cette disposition a dû résulter du mode de supputation basé sur le compte des années auxquelles a présidé un chiffre de règne, et pour éviter des erreurs chronologiques qui eussent rendu les annales inextricables.

Quant au *titre dynastique,* il n'est décerné aux rois qu'après leur mort. On a vu là quelquefois l'effet d'un de ces jugements de la postérité, en usage chez les anciens Égyptiens; mais ce n'est, le plus souvent, que la désignation du rang dans la dynastie. Nous n'avons donc usé de ces titres que lorsque nous avons eu à citer un roi déjà mort. Autre remarque : la dynastie des Nguyen (1801) s'est conformée à l'usage de comprendre, sous des titres royaux, des ancêtres qui n'ont pas vu son avénement et que Gia-long, en fils pieux, a voulu associer à sa prospérité. Cette façon d'agir est bien conforme, d'ailleurs, aux règles de la morale asiatique, et elle est en usage en Chine depuis longtemps.

§ 1.

Les auteurs annamites font remonter à 4,760 ans leur première constitution nationale, sous un prince chinois qui fonda la dynastie connue sous le nom de *Hông-bàng-thị;* mais les annales chinoises, autrement sûres, considèrent ces temps comme compris encore dans la période fabuleuse, et ce n'est qu'en l'an 2,205 avant J.-C. qu'elles entrent dans la période semi-historique, avec la première dynastie, dite des *Hía,* dont le premier empereur fut *Yu-le-Grand,* qui choisit *Pin-yâng* (au Chên-sy) pour sa capitale.

A partir de cette époque, sous diverses dénominations, de temps en temps l'Annam figure dans l'histoire chinoise, et il était sans doute compris dans les 75 principautés que créa *Oùouâng* (de la dynastie des Tcheou, 1,122 avant J.-C.), car l'on voit, 13 ans plus tard, une ambassade annamite aller faire hommage à la cour de Pin-yâng, d'où elle rapporta, dit-on, la connaissance des propriétés de l'aiguille aimantée.

En 207 avant J.-C., le général chinois Triệu-đà réunit sous son autorité les divers royaumes qui se partageaient les territoires qu'on nomme aujourd'hui Tonquin et Cochinchine, et qui s'appelaient alors *Âu-lạc* (formé des anciens *Thục* et *Văn-lang), Lâm-ấp* et *Tượng-quận* ; il y ajouta *Đông-aû* et *Tây-việt* (aujourd'hui Fo-kiên et Canton), et il donna le nom de *Nam-việt* à son empire.

Lui-même est appelé *Triệu-võ-đế* par les Annamites, car l'on sait que, le premier, il osa contester à la Chine ses droits de suzeraineté. Ses fils reprirent le titre plus modeste de *Vương*, qu'ils portèrent jusqu'au jour où le général Lô-bac-đức, en 110 avant J.-C., réunit le Nam-việt aux autres provinces de l'empire chinois.

Comme nous n'entendons faire de l'histoire, ici, qu'autant qu'il en faut pour jeter quelque clarté sur la question des monnaies et médailles, nous devons passer très-rapidement sur les siècles pendant lesquels le pays fut soumis à l'autorité de simples gouverneurs chinois, ayant peut-être le droit de battre monnaie, mais au chiffre impérial comme dans d'autres provinces de la Chine.

En l'an 38 de l'ère chrétienne, l'Annam, qui a repris son nom primitif, Giao-chỉ, mais à titre seulement de gouvernement provincial *(Giao-châu)*, secoue un instant le joug, entraîné par deux héroïnes qui finissent par succomber, trois ans après, devant le fameux *Mã-viện*, et avec elles la jeune liberté annamite.

En 541, nouvelle révolte : la famille Lý prend le pouvoir ; mais elle est réduite à faire sa soumission en 603, et l'Annam redevient une province de l'empire des *Souy*. Durant cette période de 62 ans, le premier des rois annamites fit fondre des pièces de cuivre à son chiffre : *Thiên-đức*.

L'histoire le désigne sous le titre : *Lý-nam-đế*.

Les gouverneurs chinois se maintinrent avec plus ou moins de peine jusqu'en 860. A cette époque se produisit une invasion du N.-O. qui, venue du *Nân-tcháo* (Yun-nan), se termina par la conquête de l'Annam, et ce ne fut qu'après 10 ans de luttes que la Chine réussit à rétablir son autorité.

En 939, Ngô-quyên fonda une nouvelle royauté annamite et

prit le titre de *Tiên-ngô-vương;* à sa mort, Đương-tam-ca, frère de la reine, s'empara du pouvoir et prit le titre de *Bình-vương;* mais, six ans après, les deux fils de Ngô-quyên réussirent à le renverser et régnèrent ensemble sous le titre collectif *Hậu-ngô-vương*, de 951 à 966. A la mort de Xương-văn, deuxième fils de Ngô-quyên, son successeur fut Thiên-sách, fils de feu Xương-ngập, aîné des deux rois associés. Son règne fut de courte durée, car nous voyons presque aussitôt les gouverneurs des provinces lui refuser obéissance et se déclarer indépendants. Thiên-sách n'a d'ailleurs dans l'histoire que le titre de *Ngô-sứ-quân,* et cette époque est désignée sous le nom de *temps des 12 sứ-quân*.

Mais le royaume est reconstitué en 968, sous le nom de *Đại-cù-việt* par Đinh-bộ-lãnh, qui a eu pour titre dynastique: *Tiên-hoàng* et pour chiffre de règne: *Thái-bình*. Ce n'est pas la première fois que nous voyons un prince de nationalité annamite adopter un chiffre de règne, suivant l'usage introduit d'ailleurs en Chine, à partir de l'année 179 avant J.-C.; déjà, en 541, Lý-nam-đê avait pris le chiffre *Thiên-đức*. Tiên-hoàng mourut assassiné en 980, et son fils Phê-đê, qui n'était âgé que de 6 ans, lui succéda; il fut dépossédé l'année suivante par le régent Lê-hoàn, et ne garda que le titre de *Vệ-vương*.

1. — Lê-hoàn fut un roi belliqueux. Profitant des troubles causés par la chute de la dynastie des Tcheou postérieurs et l'avénement des Sóng, l'Annam avait refusé le tribut et l'hommage; en 981, l'empereur Táy-tsong fit marcher une armée contre lui; mais Lê-hoàn la mit en déroute. Plus tard, il fit la guerre au Lâm-ập, dont le roi Ché-lý-tô-pản fut vaincu et dont la capitale fut pillée et détruite. Il mourut en 1005. Son titre dynastique est *Đại-hành,* et on lui attribue deux chiffres de règne: *Thiên-phước, Hứng-thống-ứng-thiên*.

2. — Son successeur fut un de ses fils, Long-việt, qui dut disputer le pouvoir à ses frères et mourut trois jours après son avénement, assassiné par l'un d'eux. Il a reçu le titre dynastique: *Trung-tông*.

3. — Long-đinh, meurtrier de son frère, et que l'histoire a flétri du nom de *Ngọa-triều* (le roi couché), pour titre dynastique, se saisit alors du trône et choisit le chiffre de règne *Kiên-*

thoại. Il mourut en 1009, ne laissant qu'un fils en bas âge, qui fut dépouillé par le régent Lý.

A cette époque, 1010, commence une dynastie qui régna 216 ans, avec :

1. — Le fondateur, Lý-thái-tổ, dont l'unique chiffre de règne fut *Thuận-thiên ;* il fixa sa capitale à Đại-la, qu'on appela plus tard Thăng-long, puis Hà-nội ; reçut de la cour des Sóng le titre de roi de Giao-chỉ et l'investiture. Il mourut en 1028.

2. — Son fils, Lý-phật-mã, lui succéda ; il adopta, au cours de son règne, six chiffres différents, savoir :

Thiên-thành, Thông-thoại, Càn-phù-hữu-đạo ou *Tường-phù-hữu-đạo, Minh-đạo, Thiên-cảm-thánh-võ* ou *Đại-cảm-thánh-võ, Sùng-hưng-đại-bửu.*

Son titre dynastique est *Thái-tông*. Il reçut, comme son père, l'investiture de la cour de Chine (1029). En 1039, à la suite de ses victoires sur les pillards des provinces méridionales de l'empire, Yên-tsong, chiffre : *Pào-yuên,* lui décerna le titre de *Nam-bình-vương,* roi pacificateur du midi.

Le règne de Phật-mã, qui dura 27 ans, ne fut qu'une suite de guerres intestines ou étrangères : en 1044, il écrasa l'armée de Lâm-ấp sur les bords de la rivière Ngũ-bồ ; il imposa un tribut au Chơn-lạp (Cambodge), et Lâm-ấp lui remit des otages. On cite ses fondations pieuses et les réformes considérables qui lui sont dues dans l'ordre social (abolition de l'esclavage), l'administration, les finances, l'industrie, l'agriculture et la justice. Il mourut en 1054.

3. — Nhựt-tôn, fils du précédent, lui succéda et adopta, l'année suivante, le chiffre *Long-thoại-thái-bình*. Au cours de son règne, d'autres chiffres furent en usage : *Chương-thánh-gia-khánh* ou *Chương-long-gia-khánh, Long-chương-thiên-tự* ou *Trị, Thiên-huống-bửu-tượng, Thần-võ.*

Son titre dynastique est *Thánh-tông.*

On lui doit l'érection de la fameuse tour de Baò-thiện, qui mesurait 300 coudées de hauteur. Il fit aussi la guerre au Lâm-ấp et lui enleva une portion de son territoire jusqu'au Bô-chánh inclusivement.

4. — A sa mort, arrivée en 1072, il eut pour successeur

Càn-đức, son fils, qui ne régna pas moins de 56 ans, pendant lesquels il fit usage de huit chiffres différents :

Thái-ninh, Ánh-vó-chiêu-thắng, Quảng-hựu, Hội-phủ, Long-phủ, Hội-tường-đại-khánh, Thiên-phù-duệ-vó, Thiên-phù-khánh-thọ.

Certains auteurs lui attribuent encore les chiffres suivants :

Đại-ninh, Quảng-bửu, qui ne sont, sans doute, que des variantes du deuxième et du quatrième, donnés plus haut.

Son titre dynastique est *Nhơn-tông*.

On remarque que ce prince, pas plus que son père, ne sollicita ou n'obtint l'investiture de la cour des Sóng; une armée annamite franchit même la frontière chinoise et ravagea les provinces de Khâm-châu, Châu-liêm et Ưng-châu, aujourd'hui province de Canton. Elle obligea à la retraite une nombreuse armée chinoise envoyée contre elle. — Nhơn-tông mourut en 1127.

5. — Son neveu, Dương-hoán, avait été désigné par lui-même pour sa succession, à défaut d'héritier direct. Il adopta successivement les chiffres de règne :

Thiên-thuận, Thiên-chương-bửu-tự.

Son titre dynastique est *Thần-tông.*

Ce fut un prince imbu de religion, et qui mourut fou en 1138.

6. — Le pouvoir fut transmis à son jeune fils, Thiên-tộ, âgé de 3 ans, sous la régence de la reine-mère. Les chiffres de règne adoptés furent :

Thiệu-minh, Đại-định, Chánh-long-bửu-ứng, Thiên-cảm-chí-bửu, Cảm-thiên-chí-ứng.

En 1142, un certain Thân-lợi, se prétendant fils de Nhơn-tông (mort en 1127), se mit à la tête de quelques partisans et prit le titre de *Bình-vương;* il fut battu, fait prisonnier et mis à mort.

7. — Ce règne, occupé presque tout entier par des querelles de harem ou des compétitions entre les grands du royaume, finit en 1175, et l'on vit encore au pouvoir un roi de trois ans, Long-cán, fils de Anh-tong (titre dynastique donné au roi défunt), sous la régence de la reine-mère.

Les chiffres en usage pendant la durée de ce règne sont :

Trinh-phù; Thiên-tư-gia-thoại : Thiên-gia-bưu-hưu; Trị-bình-long-ứng.

En 1186, l'empereur Hiao-tsong, de la dynastie des *Sóng*, envoya par ambassade le titre de roi d'Annam à Long-cán ; mais l'on voit, vers l'an 1203, une armée chinoise franchir les frontières et dévaster les provinces du Nord.

8. — Ce roi, qui a reçu le titre dynastique : *Cao-tong*, mourut en 1211. Le prince Sam, son fils aîné, lui succéda ; on ne connaît sous son règne que deux chiffres :

Kiến-gia; Thiên-chương-hưu-đạo, et son titre dynastique est *Huệ-tông.*

9. — Après 14 ans d'une vie de troubles, d'intrigues et de luttes intestines, Huệ-tông, devenu fou, laissa le pouvoir à sa fille cadette, la princesse Chiêu (Chiêu-thánh-công-chúa), et celle-ci, la même année (1225), choisit pour époux et éleva au trône le jeune Cảnh, de la famille Trần, qui fut le fondateur de la dynastie connue sous ce nom et qui régna 181 ans.

1. — Trần-cảnh sut résister à l'autorité des empereurs de Chine, autorité déjà chancelante et à la veille de tomber sous les coups des Mongols, mais il dut se soumettre et reconnaître plus tard leur suzeraineté.

A cette époque, l'impôt des terres s'acquittait en grains.

Les chiffres de règne adoptés par ce prince sont au nombre de trois :

Kiến-trung; Thiên-ứng-chánh-bình ou *Thiên-ứng-chánh-trị ; Nguơn-phong.*

Il abdiqua en 1258 et prit le titre de *Thái-thượng-hoàng ;* son titre dynastique est : *Thái-tông.*

2. — Son fils, nommé *Khoán*, qui monta alors sur le trône, fut un roi ami de la paix et des lettres ; il donna asile à un grand nombre de sujets fidèles aux *Sóng* et fuyant devant les *Yuên*. Comme son père, il abdiqua en faveur de son fils, Trần-khâm, et prit à son tour le titre de *Thái-thượng-hoàng* (1279).

Les chiffres de règne adoptés de 1259 à 1279 sont :

Thiệu-long, Bửu-phù.

Trần-khoản reçut pour titre dynastique : *Thánh-tông.*

3. — Trần-khâm régnait sur l'Annam depuis six ans quand le royaume dut subir les coups des Mongols et à deux reprises différentes. Après de terribles revers, suivis d'une invasion presque totale, le roi réussit pourtant à battre les armées tartares et à les expulser du territoire; en 1286, elles revinrent à la charge, remportèrent encore une fois les premiers succès, mais furent encore finalement écrasées en détail. Quel autre peuple asiatique a su résister ainsi aux hordes de Gengis-Kan ?

Cependant, le roi, par une sage mesure de prudence, envoya une ambassade à la cour des Yuên en 1292, offrit des présents et son hommage. Cette même année, il abdiqua en faveur de son fils aîné Thuyên. Il avait choisi pour chiffres de règne :

Thiệu-bửu, Trọng-hưng ou *Trùng-hưng.*

L'histoire lui donne *Nhơn-tông* pour titre dynastique.

4. — Thuyên reçut, en 1294, l'investiture de la part de l'empereur de Chine. Après 21 ans de règne, il céda le pouvoir à son fils, comme l'avaient fait ses ancêtres, et prit le titre :

Quang-nghiêm-đế-võ-thái-thượng-hoàng.

Pendant 14 ans, il avait guerroyé contre Lâm-ấp, qu'il avait réduit à l'état de vassal. Sous son règne, on ne fit usage que du seul chiffre *Hưng-long;* *Anh-tông* est son titre dynastique.

5. — Le prince Minh reçut l'investiture de la cour des Yuên, l'année même de son avénement. Son règne fut pacifique, et c'est à lui, le premier, que l'on attribue l'adoption d'une monnaie d'étain.

Deux chiffres de règne furent usités :

Đại-khánh ou *Thái-khanh, Khai-thới.*

Il a, pour titre dynastique : *Minh-tông* ou *Minh-đế.*

En 1330, il échangea la royauté pour le titre de *Thái-thượng-hoàng.*

6. — Vượng, fils de Minh-tông, n'avait que 10 ans quand

son père lui céda la couronne; aussi celui-ci garda-t-il, de fait, le pouvoir. Il guerroya contre le Laos.

Le jeune roi, dont le chiffre de règne est *Khai-hựu* et le titre dynastique *Hiển-tông*, mourut en 1341.

7. — Son frère, Cáo, lui succéda sous la tutelle du vieux roi, son père. Sous ce règne, le peuple fut affligé de mille maux : débordement des fleuves, perte des moissons, épizooties, épidémies, brigandage, guerres intestines, guerre avec le Laos et Lâm-âp. La prospérité de l'Annam dut pourtant renaître, car on vit des relations commerciales s'établir avec tous les royaumes voisins.

Ce prince mourut sans héritier, en 1368, année de l'établissement définitif de la 21e dynastie, Mìn, en Chine. L'histoire attribue à son règne deux chiffres :

Thiệu-phong, Đại-trị.

Son titre dynastique est *Dũ-tông*.

Grâce aux intrigues de la reine, mère du feu roi, un certain Nhựt-lễ, pseudo-neveu de Dũ-tông, occupa le trône durant l'année 1369; il est tenu pour usurpateur.

8. — En 1370, le prince Phù, 3e fils de Minh-tông, réussit à le renverser, soutenu par la plupart des grands et par le peuple, et le fit mourir ainsi que son fils. L'année suivante, une flotte de Lâm-âp surprit Huê, la pilla, l'incendia et, en se retirant, emmena un grand nombre de jeunes gens des deux sexes en esclavage.

Dégoûté du pouvoir, le prince Phù (chiffre du règne : *Thiệu-khánh*, titre dynastique *Nghệ-tông*), abdiqua, en 1373, en faveur de son frère Cạnh.

9. — Celui-ci, 11e fils de Minh-tông, aima la guerre. Les gens de Lâm-âp ayant envahi le territoire de Hóa-châu, il se mit à la tête de l'armée et marcha contre eux à la fin de 1375. Il périt dans une embuscade, ainsi que ses principaux officiers, et les débris de l'armée se retirèrent en désordre (1377).

Son unique chiffre de règne est *Long-khánh*, et son titre dynastique *Duệ-tông*.

10. — Nghệ-tông, le roi qui avait abdiqué en 1373, ayant vu mourir ainsi son successeur, remit le pouvoir au fils de celui-

ci, Kiên, qui plaça son règne sous le chiffre *Xương-phù*. Il continua la guerre contre Lâm-âp, qui lui suscita un concurrent en la personne de son oncle, le prince Úc, fait prisonnier dans le combat qui coûta la vie au roi Duệ-tông, et qui était devenu le gendre du roi de Lâm-âp. On fut obligé de le chasser du Nghệ-an et du Hóa-châu dont il s'était déjà emparé.

En 1381, Nguyễn-bổ se déclara indépendant dans le Bắc-giang-lộ : il tomba entre les mains du roi et fut mis à mort.

En 1390, le prince Kiên fut déposé par le vieux roi Nghệ-tông qui, malgré son abdication (1373), n'avait jamais lâché les rênes de l'État et auquel il était né, dans sa vieillesse, des fils au profit desquels il voulait reprendre la couronne. Kiên mourut étranglé dans sa prison, et le prince Ngung, fils de Nghệ-tông, lui succéda.

Il est connu, dans l'histoire, sous le titre dynastique *Phế-đế*.

11. — Ngung n'avait que 13 ans quand il fut couronné (1390); le ministre Lê-quí-ly était alors le vrai maître de l'État. Dans le Thanh-hóa, un aventurier réussit à se faire passer quelque temps pour Phế-đế, et Lâm-âp reprit ses incursions sur le territoire annamite.

Il y eut, en 1397, une émission de papier-monnaie, et, pour en assurer le cours, le ministre Lê-quí-ly prohiba l'usage de la monnaie de métal. Comme il ne fut question alors que de pièces de cuivre, il faut croire que la monnaie d'étain attribuée à Minh-tông (1315 à 1330) était déjà hors d'usage. — Le papier-monnaie fut gratifié également d'une prime de 20 p. 100 sur le métal, et les contrefacteurs furent punis de mort.

L'unique chiffre du règne est *Quang-thới*.

En 1398, sous la pression de son ambitieux ministre, le prince Ngung fut obligé d'abdiquer au profit de son fils, nommé An, petit-fils de Lê-quí-ly par sa mère, et, peu après, il mourut étranglé.

Son titre dynastique est *Thuận-tông*.

12. — Le nouveau roi n'était âgé que de 3 ans; dès ce moment, Lê-quí-ly affecta de s'entourer lui-même du cérémonial royal et prit le titre *Quốc-tổ-thượng-hoàng*.

En 1402, il déposa l'enfant et prit sa place. — Ce règne

éphémère eut pour chiffre *Kiến-tân,* et le prince An reçut pour titre dynastique *Thiếu-đế*.

1. — Lê-quí-ly commença par reprendre le nom de ses ancêtres : Hồ; il changea le nom du royaume d'Annam pour celui de Đại-ngu, et le jeune roi déchu reçut le titre de *Báo-ninh-đại-vương*. Dans la même année, l'usurpateur, qui avait adopté le chiffre *Thánh-nguơn,* abdiqua en faveur d'un de ses fils.

L'histoire lui a, naturellement, refusé tout titre dynastique, ainsi qu'à son fils.

2. — Élevé au trône par la volonté de son père, qui s'était réservé le titre de *Thái-thượng-hoàng,* le fils de Hồ-quí-ly plaça son règne, successivement, sous les chiffres :

Thiệu-thành, Khai-đại, Khai-thới.

Les entreprises contre Lâm-ập furent reprises avec succès, mais, dès l'année 1404, des armées chinoises envahirent le royaume et s'en rendirent maîtresses. En 1407, le vieux Hồ-quí-ly et son fils, Hồ-hán-thượng, tombèrent entre les mains des vainqueurs.

13. — La cour des Yuen croyait l'Annam reconquis (Tchến-tsoù, 3ᵉ empereur de la 20ᵉ dynastie; — chiffre: *Yùn-lo*), quand surgit un prince de la famille Trần, nommé Ngồi, qui fut proclamé roi au 10ᵉ mois de l'année 1407, avec le chiffre : *Hưng-khánh,* dans la province de Nghệ-an. Les populations du Thuận-hóa, du Tân-bình, du Diễn-châu et du Thanh-hóa se rallièrent autour de lui, et il put lutter avec quelque succès contre les Chinois.

14. — En 1409, un de ses neveux, Quí-khóang, lui disputa le trône et fut proclamé roi dans la province de Chi-la, sous le chiffre *Trùng-quang.* On vit alors l'Annam divisé entre deux prétendants, en même temps que la Chine en disputait la possession.

A la suite d'une défaite, le prince Ngồi accepta un compromis : il reçut le titre de *Thái-thượng-hoàng* et son neveu demeura seul roi.

L'histoire désigne Ngồi sous le titre dynastique *Giản-định-đế*. Demeuré seul en face des Chinois, Quí-khóang qui s'était vu refuser l'investiture, lutta jusqu'au bout. Fait prisonnier en 1414, il se suicida.

Son titre dynastique est *Trùng-quang-đế*.

L'Annam était retombé sous l'autorité d'un gouverneur chinois, mais le peuple se refusait au joug : de 1414 à 1417, épuisé par les guerres civiles et étrangères, il parut se soumettre à des réformes destinées à couler la jeune génération dans le moule chinois et à consacrer à jamais, par l'influence morale, l'annexion matérielle; mais en 1417, Lê-lợi, un grand patriote, le héros légendaire, se mit à la tête d'un soulèvement. La lutte qu'il engagea ne dura pas moins de dix ans et finit par le triomphe complet de l'Annam.

En 1420, au cours de la guerre, un certain Lê-ngã, ancien esclave, dit-on, d'une princesse de la famille royale Trần, se souleva dans la province de Lang-sơn et, se prétendant le petit-fils de Duệ-tông (1373 à 1377), se proclama empereur, nous ne savons sous quel chiffre, et battit monnaie. Il ne fit que passer, car son nom n'a pas laissé d'autres traces dans l'histoire.

15. — Un autre prétendu descendant des Trần, nommé Tung, fut proclamé roi par Lê-lợi en 1426. Ce ne fut qu'un roi de nom, « une sorte de drapeau », dit M. P.-J.-B. Trương-vĩnh-ký. Le chiffre *Thiên-khánh* fut alors adopté, mais les annales ne comptent, en quelque sorte, point ce fantôme de roi au nombre des souverains de l'Annam.

Les succès croissants de Lê-lợi déterminèrent enfin la Chine à renoncer à sa conquête, et l'armée évacua le territoire.

16. — A la fin de l'année 1427, Lê-lợi, le libérateur, obtint l'investiture de la cour des « Mìn », alors à Nan-kin, en faveur du prince Kiều ou Cảo; mais quelques jours à peine après le couronnement, le vœu national porta Lê-lợi au trône et Kiều se suicida.

Nous n'avons pu découvrir le chiffre de règne sous lequel Kiều fit battre monnaie; ni ce dernier ni Tung n'ont été honorés d'un titre dynastique, et nous voyons alors la famille Trần disparaître devant celle des Lê, qui garda le pouvoir jusqu'à la fin du XVIIIe siècle.

1. — Monté sur le trône en 1428, Lê-lợi n'obtint l'investiture de l'empereur Siuên-tsong qu'en 1431; il se soumit à

l'hommage et au tribut triennal. Il travailla au relèvement de l'Annam, mais des embarras financiers l'obligèrent à réduire à 50 sapèques la valeur du *tiền*, qui, de 70, avait été déjà abaissée à 60.

Il mourut en 1433. Son chiffre de règne fut *Thuận-thiên* et son titre dynastique *Thái-tổ*.

2. — Nguyên-long, fils de Lê-lợi, lui succéda et continua l'œuvre de reconstitution sociale; il révisa les lois, réorganisa l'administration publique et rétablit la sécurité. Il promulgua des règlements sur le cours des monnaies et releva à 60 sapèques la valeur du *tiền*.

L'investiture impériale lui fut accordée en 1437, et il mourut en 1442, d'une mort assez équivoque.

Deux chiffres eurent cours sous son règne :
1434, *Thiệu-bình;* 1441, *Đại-bửu*.

Titre dynastique : *Thái-tông*.

3. — Son fils, Bang-kì, âgé de deux ans, fut proclamé roi sous le chiffre *Thái-hoà*.

Ce règne ne fut qu'une longue suite de guerres contre Lâm-âp et les tribus indépendantes de l'Ouest. En 1453, ayant pris des mains de la reine-mère les rênes de l'État, il changea son chiffre de règne pour celui de *Diên-ninh*.

Il mourut assassiné en 1459.

Titre dynastique : *Nhơn-tông*.

4. — Son meurtrier, Nghi-dân, s'assit sur le trône et adopta le chiffre *Thiên-hưng*. Pendant 8 mois, il sut garder le pouvoir; mais les grands, fatigués de sa tyrannie, l'obligèrent à se donner la mort. Il ne lui a pas été accordé de titre dynastique.

5. — Un 4e fils de Thái-tông, frère de Nhơn-tông et nommé Tư-thành, fut proclamé roi; il prit le chiffre de règne : *Quang-thuận*. Ce fut un des plus illustres parmi les rois d'Annam, et son règne dura 38 ans. Guerrier, lettré, législateur attentif et intelligent, il réduisit à l'impuissance le royaume de Lâm-âp, l'ennemi national et dix fois séculaire; on lui doit des traités d'art militaire; il encouragea les lettres, l'agriculture et le commerce; il imposa à tous le respect des lois. C'est à lui qu'on doit aussi l'idée des colonies militaires (Đồn-điền), puissant

moyen d'action qui conduira l'Annam, de proche en proche, jusqu'aux rives du Mé-kong.

En 1470, il changea son chiffre de règne pour celui de *Hông-đức,* et sa mort étant arrivée au commencement de l'année 1497, il laissa le pouvoir au prince Tăng, appelé aussi Huy, l'aîné de ses 34 enfants.

Son titre dynastique est : *Thánh-tông.*

6. — Le nouveau roi (chiffre de règne *Kiểng* ou *Cánh-thống)* marcha dans la voie de paix et de prospérité ouverte par son père; les sept années qu'il passa sur le trône effacèrent les traces matérielles des luttes antérieures.

Il mourut au 5ᵉ mois de 1504, en désignant le 3ᵉ de ses fils pour son successeur. A reçu le titre dynastique : *Hiến-tông.*

7. — Son successeur, Tuân, ne lui survécut que six mois; il adopta le chiffre *Thái-trinh* ou *Thới-trinh,* et mourut avant la fin de l'année 1505.

Titre dynastique : *Túc-tông.*

8. — Le prince Tuân, frère du feu roi, fut son héritier (chiffre de règne : *Thoại-khánh* ou *Đoan-khánh);* il reçut, en 1507 l'investiture impériale.

Ce fut un monstre : ses cruautés, sa tyrannie soulevèrent les grands et le peuple; ils mirent à leur tête le général Uinh, frère de Tông, prince de Cẩm-giang (*Cẩm-giang-vương*), avec le titre *Minh-chúa.* Forcé de s'enfuir de la capitale, investie par les révoltés, le roi fut fait prisonnier et se suicida (12ᵉ mois de 1509).

L'histoire lui a donné le titre dynastique : *Oai-mục-đế,* mais il fut l'objet d'un décret infamant qui lui infligea, avec la dégradation posthume, le surnom de *Mẫn-lệ.*

9. — Lê-tông, prince de Cẩm-giang, était déjà mort quand le pouvoir devint vacant; Uinh fut proclamé roi et adopta le chiffre : *Hông-thuận* ou *Hông-đức.*

Dans l'hommage qu'il adressa à la cour de Chine, il ne se qualifia que de *Nhơn-hải-động-chúa;* mais les historiographes annamites, moins modestes, l'ont gratifié du titre dynastique : *Tương-dực-đế.*

Ce règne ne fut qu'une suite de guerres civiles qui, après avoir mis parfois en danger la couronne conquise par Uinh, finirent par lui coûter la vie en 1517.

Une de ces guerres avait été suscitée par un certain Trân-cảo qui, se disant arrière petit-fils de Trân-thái-tông (1226 à 1258) et le Phật incarné, sut soulever en sa faveur les sentiments politiques et religieux. Il adopta le chiffre *Thiên-ứng* en se proclamant roi, et fut même, un instant, maître de Hànội.

Uinh fut mis à mort par ordre d'un mandarin mécontent, nommé Trịnh-duy-sản, qui mit alors sur le trône un enfant de 8 ans, le prince Quang-trị. Peu après, il faisait étrangler cet infortuné, auquel l'histoire ne donne d'ailleurs ni chiffre de règne ni titre dynastique, et mettait à sa place le prince Y, âgé de 14 ans, avec le chiffre de règne : *Quang-thiệu*.

10. — Le règne du jeune roi Y ne fut pas moins troublé que celui de ses prédécesseurs, et lui-même dut subir l'étroite tutelle de ses ministres, jusqu'au jour où l'un d'eux prononça sa déchéance.

Le prétendant Trân-cảo tenait toujours la campagne, mais ayant essuyé de sérieux échecs, il se retira à Lạng-nguyên, dans les territoires de Kinh-bắc et de Hải-dương, où il avait établi le siège d'un gouvernement indépendant. Ayant abdiqué peu après pour entrer en religion, il transmit ses prétentions à son fils, nommé Cung, qui adopta le titre de règne *Tuyên-hoà*. Il disparut en 1521.

Une partie des grands du royaume s'étant soulevés contre l'autorité des conseillers détestés qui entouraient le roi, essayèrent de placer sur le trône un autre prince de la famille royale, nommé Du, qu'ils déposèrent six mois après, et qui, étant tombé entre les mains des troupes du roi Y, fut mis à mort en 1519.

Nous ignorons si, pour ce trône improvisé, un chiffre de règne avait été adopté.

En 1522, le roi se décida à rompre les liens dont l'avait entouré son puissant ministre Mạc-đăng-dong, dont nous verrons la famille bientôt usurper le pouvoir. Il s'enfuit ; aussitôt le ministre lui donna pour successeur son jeune frère, le prince Xuân, et, ayant pu s'emparer de la personne du roi déchu, en 1524, il l'emprisonna d'abord, puis le fit mourir en 1527.

Son titre dynastique est : *Chiêu-tông*.

11. — Le règne du prince Xuân date de l'année 1523, sous le chiffre *Thống-nguyên* ou *Nguơn*. Il cessa le jour où il plut au ministre Mạc-đăng-dong de monter sur le trône; le roi n'osa lui refuser d'abdiquer en sa faveur en 1527, l'année même du meurtre de son frère, le roi Chiêu-tông, et fut bientôt réduit lui-même au suicide forcé.

Titre dynastique : *Cung-hoàng*.

1. — En prenant ouvertement cette royauté qu'il exerçait, de fait, déjà depuis près de dix ans, Mạc-đăng-dong décerna, selon la coutume des fondateurs de dynastie, les titres les plus pompeux à ses ancêtres. Lorsqu'il s'agit de battre monnaie à son chiffre de règne, *Minh-đức*, comme on manquait de cuivre, on dut employer l'étain ou le fer (1528). L'année suivante, il abdiqua au profit de son fils Đăng-dinh, et se contenta de la dignité de *Thái-thượng-hoàng*.

2. — Son fils adopta le chiffre *Đại-chánh*. Dès son avénement, il eut à combattre les partisans de la famille Lê, rassemblés dans la province de Thanh-hoá et proclamant le chiffre *Quang-thiệu*, du règne de feu Lê-chiêu-tông (1517 à 1522). Après de premiers revers, il put s'emparer de la personne de Lê-ý, chef du parti des Lê, et le condamna à être écartelé (1529). Mais le parti, loin d'être abattu par cette perte, opposa aux Mạc, en 1533, un fils de Lê-chiêu-tông, du nom de Ninh, 12e de la dynastie Lê, qui prit le titre de règne : *Nguyên* ou *Nguơn-hòa*; il fut assez heureux pour intéresser l'empereur Ché-tsong à sa cause, et une armée chinoise se mit en marche contre les Mạc. — Đăng-dinh mourut avant qu'elle n'eut atteint la frontière (1540); le vieux Đăng-dong courut au-devant de l'orage et sut si bien le conjurer que la cour impériale se contenta de substituer à ses titres royaux la simple dignité de *Đô-thống-sứ*, et le laissa pour gouverner l'Annam, considéré dès lors comme annexé de nouveau à l'empire. Quant aux Lê, on leur fit abandon du territoire de Thanh-hoá.

3. — Mạc-đăng-dong suivit de près son fils dans la tombe: il mourut au commencement de l'année 1541, et le pouvoir passa dans les mains de son petit-fils, Phước-hải (chiffre de règne : *Quảng-hòa*), avec l'assentiment de la cour impériale.

Les progrès du parti des Lê semblent l'avoir peu inquiété, car il ne fit rien pour les combattre, et il mourut en 1546.

Le prince Ninh, pendant ce temps, vivait tranquillement au Thanh-hóa.

4. — Phước-nguyên, fils de Mạc-phước-hải, lui succéda et adopta le chiffre : *Vĩnh-định* ou *Vĩnh-ninh*.

En 1548, le prétendant Lê-ninh mourut également (titre dynastique : *Trang-tông*). Son fils Huyên, 13e de la dynastie Lê, hérita de ses prétentions et eut pour chiffre de règne : *Thuận-bình*.

A partir de ce moment, la cause des Lê gagna du terrain et l'on osa même tenter un coup de main sur Hà-nội, en 1551, mais sans succès.

En 1556, Lê-huyên mourut sans héritier (titre dynastique : *Trung-tông*), après avoir vu, l'année précédente, son général Trịnh-kiêm écraser une armée des Mạc ; un de ses parents fut proclamé roi par les partisans des Lê, sous le chiffre : *Thiên-hựu*, qu'il changea plus tard pour *Chánh-trị* et *Hồng-phước*.

La lutte continuait entre les deux partis, quand arriva la mort de Phước-nguyên (12e mois de 1560).

Indépendamment de *Vĩnh-định* ou *Ninh*, on attribue encore à ce dernier les chiffres de règne suivants :

1549, *Kiếng-lịch;* 1555, *Quang-bửu*.

5. — Son fils, Mạc-mậu-hiệp, lui succéda (titre de règne : *Thuận-phước).*

Il n'entre pas dans le cadre de cette simple chronologie des rois d'Annam ou prétendants à la royauté, de raconter la lutte entre les Mạc et les Lê, ni celle des Trịnh et des Nguyễn ; à d'autres ce soin : notre seule intention étant de faciliter le classement méthodique et certain des médailles et monnaies annamites, nous continuerons à nous en tenir à une rapide énumération, à peine accompagnée de quelques faits principaux, autant du moins qu'ils peuvent servir aux classements.

La puissance des Trịnh avait grandi, au point que le roi Lê-duy-ban s'en effraya et s'enfuit au Nghệ-an. Trịnh-tông se contenta de prononcer sa déchéance (1572) et proclama roi le jeune

Duy-đàm, fils du souverain renversé. Celui-ci est désigné dans l'histoire sous le titre dynastique : *Anh-tông*.

Lê-duy-đàm, 15e de la dynastie Lê, n'avait que 7 ans; sous son règne, qui ne dura pas moins de 27 ans, on adopta successivement les chiffres :

Gia-thới; Quang-hưng.

Trịnh-tòng continua à gagner du terrain sur les Mạc; en 1591, il réussit enfin à leur enlever Hà-nội, la capitale de l'Annam, et c'est de cette époque que doit dater la restauration de la famille Lê. La même année, il écrasa littéralement l'armée des Mạc, à la bataille de Phấn-thượng. Vaincu, mais non découragé, Mạc-mậu-hiệp céda le trône à son fils, nommé Tuyên, afin de pouvoir se consacrer entièrement au commandement de l'armée (1592). — Dans la longue suite de ses revers, il avait souvent, dans l'espoir puéril de détourner les coups du sort, changé les chiffres de son règne. On n'en compte pas moins de six :

1561, *Thuần-phước;* 1566, *Sùng-khương;* 1572, *Diên-thành* ou *Quảng-thành;* 1579, *Đoan-thới* ou *Đang-thới;* 1581, *Hưng-trị;* 1584, *Hồng-ninh*.

6. — Mạc-tuyên succéda à son père en 1592 (chiffre de règne : *Võ-an)*. Comme le joueur malheureux, Mạc-mậu-hiệp avait passé la main; la fortune contraire persista; encore une fois vaincu, et s'étant caché sous l'habit religieux à la bonzerie de Mộ-quê, il fut découvert, livré à Trịnh-tòng et mis à mort. Tuyên ne fut pas plus heureux : obligé de fuir, il tomba lui aussi entre les mains impitoyables de son adversaire (1592).

7. — Un de ses parents, Mạc-kính-chỉ, prit sa place. Nous n'avons pu découvrir le chiffre de règne qu'il choisit; ayant été, à son tour, fait prisonnier par Trịnh-tòng, il fut mis à mort en 1593.

8. — Son successeur fut Mạc-kính-cung, qui fut proclamé roi dès le 3e mois de 1593, sous le chiffre *Càn-thống;* mais les troupes du roi Lê ayant dispersé les partisans des Mạc, et Kính-cung s'étant réfugié en Chine, on vit se lever, en 1598, un nouveau prétendu roi de cette famille, Mạc-kính-dụng, qui fut presque aussitôt battu et tué.

A cette époque, la cour impériale prétendit régler le différend en partageant le territoire entre les deux familles et en confirmant à chacune la dignité de *gouverneur héréditaire*. Le roi Lê fut contraint d'accepter cette combinaison, garda Hà-nội, et les Mạc régnèrent sur les provinces de Thái-nguyên et de Cao-bằng.

Le roi Lê-duy-đàm mourut en 1599. Son titre dynastique est : *Thế-tông*.

Lê-duy-tân, fils du précédent, fut admis à lui succéder (16ᵉ de la dynastie Lê). Les chiffres de règne furent successivement : *Thận-đức, Hoằng-định*.

C'est de cette époque que date la scission complète entre le nord et le sud du royaume, entre les Trịnh du Tonkin et les Nguyễn de la Cochinchine. Nous ne raconterons pas leurs querelles qui firent, pendant deux siècles, couler le sang annamite, et comme les deux pays n'en gardèrent pas moins une certaine apparence de soumission aux rois Lê, dont les chiffres de règne continuèrent à figurer dans les actes officiels et privés, et sur les monnaies, nous n'indiquerons ici que la série de ces derniers.

Mạc-kinh-cung reparut un instant sur la scène politique et redevint même, pour quelque temps, maître de Hànội; en 1605, Mạc-khánh-vương, qui lui avait succédé, dut chercher un refuge en Chine.

En 1617, le roi Lê-duy-tân ayant résolu de se soustraire à la tutelle de son puissant ministre, tenta de le faire assassiner. Trịnh-tòng le fit étrangler et plaça son fils, Duy-kị, sur le trône.

Le titre dynastique de Duy-tân est : *Kinh-tông*.

17. — Sous le nouveau roi, on vit, dès les débuts du règne, réparaître les Mạc en la personne de Kinh-khoan, successeur de Khánh-vương; il fut battu et mis en fuite. C'est peu après (1637) que furent fondées les premières factoreries européennes au Tonkin. Il s'en établit aussi vers la même époque en Cochinchine, à Fai-fo, près Tourane.

Lê-duy-kị, après avoir assisté pendant 25 ans, en spectateur impuissant et tyrannisé, aux campagnes de Trịnh contre Nguyễn, abdiqua en 1642 en faveur de son fils.

Pendant ce règne, on fit usage des chiffres suivants :

1618, *Vĩnh-tộ*; 1629, *Đức-long*; 1636, *Dương-hòa*.

Titre dynastique : *Thần-tông*.

18. — Duy-hựu, fils et héritier de Lê-duy-kị, reçut en 1646 l'investiture de la cour impériale. Il mourut en 1648, à l'âge de 20 ans et sans héritier.

Chiffre de règne: *Phước-thới* ou *Thái*.

Titre dynastique : *Chơn-tông*.

Nous n'avons pas besoin de dire que, durant ces six années, la lutte des Trịnh et des Nguyễn se continua avec une égale ardeur, et il en sera de même dans la suite jusqu'au jour où le peuple annamite, à bout de patience, se lèvera à l'appel des Tây-sơn et balayera les princes.

A la mort de Duy-hựu, le chúa Trịnh rendit le trône, devenu vacant, à Duy-kị, père du feu roi, et dont l'acte d'abdication (1642) fut annulé. Il le conserva pendant 13 ans, sous les chiffres successifs :

Khánh-đức, Thạnh-đức, Vĩnh-thọ, Vạn-khánh.

Sa mort arriva en 1662; il est connu sous le même titre dynastique, *Thần-tông*, pour la première et la deuxième partie de son règne.

19. — Lê-duy-củ, son fils, âgé de 9 ans, lui succéda au trône, sous l'invariable tutelle des Trịnh. Depuis quatre ans déjà les Annamites du sud avaient étendu leurs empiétements jusqu'aux rives du Đông-nai (Basse-Cochinchine).

A son avénement, on adopta le chiffre *Cánh* ou *Kiếng-trị*, et, peu après, il reçut l'investiture impériale. Il mourut en 1672, âgé de 19 ans et sans postérité.

Titre dynastique : *Huyền-tông*.

20. — Il eut pour successeur son frère Duy-hội, sous le chiffre *Dương-đức* changé, dans la dernière année du règne, pour celui de *Đức-nguơn* ou *nguyên*. Le roi accompagna Trịnh thạc dans ses campagnes contre les Nguyễn de Cochinchine ; des Hollandais combattaient, dit-on, dans les rangs des Tonkinois.

Lê-duy-hội mourut en 1675, âgé de 15 ans. Son titre dynastique est *Gia-tông*.

21. — Un fils posthume de Duy-kị (Lê-thần-tông, 1618 à 1642 et 1649 à 1662), nommé Duy-hiệp, fut alors placé par le tout-puissant ministre Trịnh-thạc sur le trône d'Annam. Le

chiffre *Vĩnh-trị* fut adopté, mais ce ne fut qu'en 1683 que l'investiture impériale fut accordée.

En 1705, ce prince dut céder le pouvoir à son fils, de par la volonté de Trịnh-căn, fils et héritier de Trịn-thạc, qui gouverna l'Annam avec autant d'énergie et d'intelligence que son père.

Son titre dynastique est : *Hi-tông*, et on lui attribue un deuxième chiffre de règne : *Chánh-hoà*.

Nous noterons, parmi les événements remarquables survenus à cette époque, l'arrivée à Huê de généraux chinois et des débris d'une armée restée fidèle aux *Mîn* déchus ; on sait que les *Nguyên* surent s'en faire adroitement des auxiliaires précieux dans la conquête du delta du Mékong.

22. — Lê-duy-đường, fils de Duy-hiệp et roi sous le chiffre *Vĩnh-thạnh*, vit succéder à Trịnh-căn, mort en 1708, son fils Căng, qui ne permit pas qu'on laissât relâcher les liens étroits de dépendance dans lesquels sa famille tenait la famille royale.

En 1775, les *Chúa* de Huê reçurent l'hommage du chinois Mạc-cửu, qui fut reconnu feudataire pour la principauté qu'il venait de se tailler dans le royaume du Cambodge, de la pointe de Câmâu à Chantabun. Mạc-cửu a fondu des monnaies de cuivre à Hà-tiên, sous le chiffre *Thái-bình*.

Ce droit ne fut pas continué à ses successeurs.

Le chiffre royal fut changé en 1721 pour celui de *Baỏ-thớl* et, en 1728, Lê-duy-đường, contraint par son ministre, abdiqua au profit de son fils, Duy-phường, âgé de 19 ans.

L'histoire le désigne sous le titre dynastique *Dũ-tông*.

23. — Placé sur le trône au mépris des droits de son frère aîné, Lê-duy-phường adopta le chiffre : *Vĩnh-khánh*.

La puissance royale était plus que jamais dans les mains des *Trịnh*, et il semble qu'il se soit produit, vers cette époque, un certain apaisement, au moins apparent, dans la querelle qui divisait le Tonkin et la Cochinchine.

Le roi fut contraint d'abdiquer en 1734 ; il a reçu le titre dynastique : *Vĩnh-khánh-đế*.

24. — Lê-duy-tường, frère aîné du roi déchu, et qui n'avait été écarté du trône que par la seule volonté de Trịnh-căng, s'y vit porté, après l'abdication de son frère, par la faveur de Trịnh-

giang, fils et successeur de Căng. Le chiffre *Long-đức* fut adopté.

Durant ce règne, le Chúa édicta des lois pour réprimer le luxe et encourager l'imprimerie. Duy-tường mourut en 1735. Titre dynastique : *Thuần-tông*.

25. — Un 3e fils de Lê-dũ-tông, nommé Duy-thìn, fut proclamé roi (chiffre *Vĩnh-hưu*). En 1738 se produisit un soulèvement dans le but de mettre fin à l'état de servitude dans lequel vivaient les rois sous leurs despotiques maires du palais, et les révoltés eurent pour cri de guerre et mot de ralliement :

PHÒ-LÊ ! DIỆT-TRỊNH !

L'ordre parut se rétablir quand Dinh, fils de Trịnh-giang, eut pris la place de celui-ci. Le nouveau Chúa obligea le roi Duy-thìn à abdiquer en 1739, au profit de Duy-đaò, fils aîné de Lê-thuần-tông.

Titre dynastique : *Ý-tông*.

26. — Le prince Lê-duy-đaò, qui adopta le chiffre *Kiếng* ou *Cãnh-hưng*, ne fut, comme ses prédécesseurs, qu'un instrument dans la main de son ministre. Celui-ci, profitant de la guerre civile provoquée en Cochinchine par les Tây-sơn, fit avancer son armée et s'empara de Huê (1774). Nguyễn-văn-nhạc, le chef des rebelles, s'allia à lui et obtint le gouvernement de la province de Quảng-nam ; deux ans après (1777), jetant le masque, il proclama son indépendance et se prétendit roi, du Bình-định au Bình-thuận, sous le chiffre : *Thái-đức*.

A partir de ce moment, les Tây-sơn engagèrent la lutte, à la fois contre le nord et le sud. Nous n'avons pas à en raconter ici les phases : ces événements étant plus rapprochés de notre époque, sont assez connus et l'on peut en lire d'intéressants récits dans la plupart des publications relatives à la Cochinchine.

En 1785, le roi Lê-duy-đaò, devenu un jouet passant des mains des Trịnh dans celles des Tây-sơn et réciproquement (titre dynastique, *Hiển-tông*), mourut après avoir eu la honte de voir assis à ses côtés, décoré des titres les plus éclatants, le chef de rebelles Nguyễn-văn-huệ, frère, parent ou associé de Nhạc, et dans le lit duquel l'infortuné roi avait dû faire entrer une de ses filles.

27. — La couronne des Lê, méprisée, avilie, passa au petit-

fils de Hiển-tông, nommé Duy-khiêm, qui adopta le chiffre de règne *Chiêu-thống*. Sa situation fut plus pitoyable encore que celle de son aïeul.

Dans cette même année 1785, les trois chefs des Tây-sơn, Nhạc, Huệ et Lữ, après une rupture suivie de réconciliation, se partagèrent les territoires tombés en leur possession :

Nhạc eut depuis le Quảng-nam jusqu'aux limites méridionales du Bình-định. Il prit le titre d'empereur.

Huệ régna au nord du Quảng-nam jusqu'au Tonkin, et Lữ au sud du Bình-định jusqu'aux frontières du Cambodge. Ils n'eurent d'autre titre que celui de *Vương*.

La Basse-Cochinchine était tenue encore par les partisans des Nguyễn, mais dès qu'elle put être ajoutée aux conquêtes des Tây-sơn, elle fut comprise dans les États de Lữ, désigné sous le titre *Đông-định-vương*.

A la fin de l'année, Huệ ayant envahi pour la seconde fois le Tonkin, le roi Lê-duy-khiêm prit la fuite, errant sous divers déguisements ; le vainqueur, en dépit de l'intervention de la Chine, se proclama empereur en 1787, sous le chiffre *Quang-trung*.

En 1789, Lê-duy-khiêm fut demander asile à la cour de Pékin ; il n'y trouva qu'un accueil humiliant et vit l'empereur accorder audience aux ambassadeurs de Huệ, qui obtint même alors, de la cour impériale, le titre de *roi d'Annam*. Il mourut en 1791. Son titre dynastique est : *Chiêu-thống-đế*.

Ce fut le dernier des rois de la famille des Lê ; pendant onze années encore, on verra les partis se disputer l'empire, et enfin le descendant des Chúa Nguyễn, le prince Phước-anh, enlèvera de haute lutte une victoire chèrement payée, et, ressoudant les deux tronçons séparés depuis plus de 200 ans, il fondera à son profit un nouvel empire d'Annam.

En 1791, le chef du parti des Nguyễn avait achevé ses préparatifs militaires à Saigon. Grâce au concours de l'évêque d'Adran, l'illustre Pigneau de Béhaine, et des officiers distingués qui l'avaient rejoint en 1790, il se voyait à la tête d'une armée solide et bien conduite, d'une artillerie redoutable et d'une belle flotte ; de plus, Saigon était mis à l'abri d'un retour des Tây-sơn par la construction d'une citadelle dans les règles de l'art :

une ère nouvelle s'ouvrait. — Nguyễn-phước-anh lui consacra le chiffre *Gia-hưng*, bien que l'on n'en continuât pas moins à dater les actes publics au chiffre *Kiểng-hưng,* adopté en 1740 par Lê-duy-đào, mort d'ailleurs depuis six ans.

Cette même année 1791 vit la mort du rebelle Huệ (Quang-trung) et l'avènement de son fils Nguyễn-đăng-toản, sous le chiffre *Kiểng-thạnh* qu'il changea, en 1800, pour celui de *Bửu* ou *Báo-hưng.*

Ce dernier se vit enlever successivement toutes les provinces conquises par son père, et il perdit même, en 1801, la capitale, Hà-nội, où entra son heureux compétiteur, après une brillante et dernière campagne de 27 jours. Au 5e mois de la même année, Phước-anh avait franchement proclamé son légitime désir de garder le pouvoir pour lequel il avait combattu 20 ans et que le vœu populaire lui offrait : il prit le titre d'empereur et le chiffre *Gia-long*. La cour de Chine lui accorda l'investiture en 1803.

Le fondateur de la dynastie impériale Nguyễn, restaurateur de la monarchie annamite des anciens jours, mourut le 25 janvier 1820.

Son titre dynastique est *Thế-tô-cao-hoàng-đế*.

Son fils, Đảm ou Đởm, lui succéda sous le chiffre *Minh-mạng*.

Il eut à réprimer plusieurs fois des tentatives de rébellion, faites dans le nom de divers prétendants, dont les titres et les chiffres ne sont pas exactement connus, sauf pour le soulèvement de la Basse-Cochinchine, qui eut lieu en 1831. Le principal auteur du mouvement, nommé Khôi, rallia les mécontents autour du nom du prince Hoàng-tôn, légitime héritier du trône par les droits de feu son père, le Đông-cung Cảnh, fils aîné de Gia-long, mort en 1801. Mais la ville de Saigon fut reprise aux rebelles après un siége de 2 ans et 7 mois, et l'insurrection noyée dans le sang.

Le roi mourut le 21 janvier 1841. Titre dynastique : *Thánh-tô-nhơn-hoàng-đế*.

Nguyễn-phước-thì, fils de Phước-Đảm, monta sur le trône après lui (chiffre de règne : *Thiệu-trị*). Il vécut assez paisiblement jusqu'en 1847.

Titre dynastique: *Hiến-tô-chương-hoàng-đế*.

Le roi régnant, nommé Hoàng-Nhạm, fils de Nguyễn-phước-Thì, succéda à celui-ci sous le chiffre *Tự-đức*.

Il a dû, comme ses prédécesseurs, se munir de l'investiture impériale pour obéir à la tradition, car les rapports entre les cours de Pékin et de Huê semblent n'être plus, depuis longtemps, que de simples actes de déférence courtoise et, de part et d'autre, on ne songe pas plus à prendre l'attitude d'un suzerain que celle d'un vassal.

TABLEAU CHRONOLOGIQUE DES SOUVERAINS DE L'ANNAM.

I. — TEMPS FABULEUX ET SEMI-HISTORIQUES.

Dynastie des Hồng-bàng, de 2874 à 256 avant J.-C.

1. — Kinh-dương-vương, contemporain de Fou-hỹ, qui inventa l'écriture et fit les premières lois sociales.
2. — Lạc-long-quân, fils de Kinh-dương.
3. — Hùng-vương, fils aîné de Lạc-long; donna au pays le nom de Văn-lang.
4. — Hậu-vương et ses successeurs n'ont laissé aucune trace dans l'histoire des dynasties chinoises Hía, Chang et Tchèou.

II. — DOMINATION DES ROIS DE THỤC.

An-dương-vương, roi de Thục, s'empare du pays de Văn-lang et l'incorpore à son royaume qui prend dès lors le nom de Au-lạc.

III. — DYNASTIE DES TRIỆU.

1. — Võ-đế (207 av. J.-C.), général chinois, connu d'abord sous le nom de Triệu-đà, profite de la chûte des Tsîn et de l'avénement des Hán pour se proclamer roi indépendant des pays de Au-lạc, Lâm-ấp, Tượng-quận, etc., qu'il réunit sous le nom de Nam-việt.
2. — Văn-vương (136 av. J.-C.), petit-fils de Võ-đế.
3. — Minh-vương (124 av. J.-C.), du nom de Anh-tề et fils de Văn-vương.
4. — Ại-vương (113 av. J.-C.), du nom de Hưng et fils de Minh-vương.
5. — Vệ-dương-vương (111 av. J.-C.), ou Thuật-dương-vương, est mis sur le trône par Lữ-gia, sous le chiffre de règne: *Kiến-đức* 景德

Un an après, il tombe entre les mains du général chinois Lộ-bác-đức, et le royaume de Nam-việt devient une province de l'empire.

IV. — Gouverneurs chinois.

Établie dès le IIIe siècle avant J.-C., la suzeraineté de la Chine a duré jusqu'en 980 de l'ère chrétienne, mais non sans trouble et sans avoir vu souvent des chefs de rébellion se proclamer rois et tenir plus ou moins longtemps le pouvoir. On cite parmi-ceux-ci :

Trưng-trắc (année 36 de J.-C.), reine connue sous les titres Nữ-vương et Trưng-vương, qui régna 3 ans. Il existe près de Hà-nội, au Tonquin, un temple élevé en mémoire de cette reine et de sa sœur Trưng-nhì. Il est situé dans le voisinage de la concession française.

Lý-thiêu-bửu (année 541 de J.-C.), se fait roi indépendant sous le chiffre :

Thiên-đức 天德

Titre dynastique : *Lý-nam-đế*.

Année 547. — Il est renversé par un individu de la famille Triệu, qui se substitue à lui sous le titre : *Triệu-việt-vương*, et l'oblige à chercher un refuge au Laos, où il fonde le royaume de Đào-lan.

Année 570. — Lý-phật-tử, parent et héritier de Lý-nam-đế, reprend le pays annamite et règne jusqu'en 603

Année 939. — Ngô-quyền fonde un nouveau royaume indépendant et prend le titre : *Tiên-ngô-vương*.

Année 945. — Dương-tam-ca s'empare du pouvoir et prend le titre : *Bình-vương*.

Année 951. — Xương-ngập et Xương-văn, fils de Ngô-quyền, renversent l'usurpateur et règnent ensemble, sous le titre collectif : *Hậu-ngô-vương*, jusqu'en 965.

Année 966. — Thiên-sách, fils de Xương-ngập, succède au trône ; les gouverneurs de province, ou mieux les chefs feudataires, lui refusent l'obéissance et se déclarent indépendants. Il se trouve réduit à la simple condition d'un préfet (quàn), aussi l'histoire l'appelle-t-elle Ngô-sứ-quàn.

Année 968. — Đinh-bộ-lãnh reconstitue l'autorité royale à son profit, et donne au royaume le nom de Đại-cù-việt. Chiffre de règne :

Thái-bình 太平

Titre dynastique : *Tiên-hoàng*.

Année 980. — Phê-đế succède à son père, mais il est dépossédé avant même d'avoir pu inaugurer un chiffre de règne.

V. — DYNASTIES ANNAMITES.

ANNÉES DE L'AVÈNEMENT.	NOMS PRIVÉS.	CHIFFRES DE RÈGNE.	TITRES DYNASTIQUES.	OBSERVATIONS.
		Dynastie des Lê 黎 *antérieurs.*		
981	Lê-hoàn	Thiên-phước, 天福 Hưng-thống- 興統 Ứng-thiên, 應天	Đại-hanh.	
1006	Long-việt		Trung-tông.	Assassiné 3 jours après son avènement.
1006	Long-đinh	Kiên-thoại, 建瑞	Ngọa-triều.	
		Dynastie des Lý 李		
1010	Lý-công-nản ou Hao-lý	Thuận-thiên, 順天	Thái-tổ.	
1028	Phật-mã	Thiên-thành, 天成 Thông-thoại, 通瑞 Càn-phù-hữu-đạo, 乾符有道 Minh-đạo, 明道 Thiên-cảm-thánh-võ ou Đại-cảm-thánh-võ, 天聖大聖感武感武	Thái-tông.	

ANNÉES DE L'AVÉNEMENT.	NOMS PRIVÉS.	CHIFFRES DE RÈGNE.	TITRES DYNASTIQUES.	OBSERVATIONS.
1028	Phật-mã......	Sùng-hưng-đại-bửu,	Thái-tông.	
		Long-thoại-thái-bình,		
		Chương-thánh-gia-khánh,		
1055	Nhựt-tôn......	ou Chương-long-gia-khanh,	Thánh-tông.	
		Long-chương-thiên-trị,		
		Thiên-huồng-bửu-tượng,		
		Thần-võ,		
		Thái-ninh		On lui attribue également les *chiffres* suivants, qui ne sont sans doute que des variantes de deux *chiffres* ci-contre:
		Anh-võ-chiêu-thắng,		
1073	Càn-đức......	Quãng-hựu,	Nhơn-tông.....	Đại ninh, 大寧 Quang-bửu, 大光寶
		Hội-phù,		
		Long-phù,		

典寶瑞平聖慶龍
崇大龍慶章治祐
大龍太彰嘉龍家
龍太彰嘉彰龍天
彰嘉彰嘉龍天天
嘉彰嘉龍天天賢
彰嘉龍天賢神
嘉龍天賢神太
龍天賢神太英
天賢神太英昭
賢神太英昭廣
神太英昭廣會
太英昭廣會龍

ANNÉES DE L'AVÉNEMENT.	NOMS PRIVÉS.	CHIFFRES DE RÈGNE.		TITRES DYNASTIQUES.	OBSERVATIONS.
1073	Càn-đức	Hội-tường-đại-khánh, Thiên-phù-dệ-vỏ, Thiên-phù-khánh-thọ,	祥慶符武壽 會大天符 天祺天慶	Nhơn-tông	Même observation qu'à la page précédente.
1128	Dương-hoán	Thiên-thuận, Thiên-chương-bửu-tự,	順彰嗣 天寳	Thần-tông.	
1139	Thiên-tộ	Thiệu-minh, Đại-định, Chánh-long-bửu-ứng, Thiên-cảm-chí-bửu, Cảm-thiên-chí-ứng,	紹明大定政隆寳應感寳天應符 天至感至貞	Anh-tông.	
1176	Long-cán	Trinh-phù,		Cao-tông.	

ANNÉES DE L'AVÈNEMENT.	NOMS PRIVÉS.	CHIFFRES DE RÈGNE.	TITRES DYNASTIQUES.	OBSERVATIONS.
1176	Long-cán	Thiên-tư-gia-thoại, 資瑞嘉祐平應 / Thiên-gia-bửu-hựu, 天嘉 / Trị-bình-long-ứng, 天寶治龍	Cao-tông.	
1212	Sam	Kiến-gia, 嘉章道 / Thiên-chương-hữu-đạo, 建天有	Huệ-tông.	
1225	Chiêu			Chiêu-thánh-công-chúa, fille de Huệ-tông.

Dynastie des Trần 陳

1226	Trần-cảnh	Kiến-trung, 中應平應治豐隆符 / Thiên-ứng-chánh-bình, 建天政天政 / ou Thiên-ứng-chánh-trị, / Nguơn-phong, 元紹寶	Thái-tông	Élevé au trône par son mariage à la princesse Lý-chiêu.
1259	Khoán	Thiệu-long, / Bửu-phù,	Thánh-tông.	

ANNÉES DE L'AVÉNEMENT.	NOMS PRIVÉS.	CHIFFRES DE RÈGNE.		TITRES DYNASTIQUES.	OBSERVATIONS.
1279	Khâm......	Thiệu-bửu, Trọng-hưng, ou Trung-hưng,	紹寶重興興	Nhơn-tông.	
1293	Thuyêu......	Hưng-long,	興隆	Anh-tông.	
1315	Minh........	Đại-khánh, Khai-thới,	大慶開泰	Minh-tông ou Minh-đế.	
1331	Vương......	Khai-hựu,	開祐	Hiến-tông.	
1342	Cáo..........	Thiệu-phong, Đại-trị,	紹豐大治	Dũ-tông.	
1369	Nhựt-lễ......	....		....	Usurpateur.
1370	Phủ........	Thiệu-khánh,	紹慶	Nhệ-tông.	
1374	Cạnh........	Long-khánh,	隆慶	Duệ-tông.	
1378	Kiên........	Xương-phù,	昌符	Phế-đế.	
1391	Ngung.......	Quang-thới,	光泰	Chuận-tông.	
1399	An..........	Kiên-tân,	建新	Thiếu-đế.	

Usurpation des Hồ 胡

| 1402 | Hồ-quí-ly..... | Thánh-ngươn, | 聖元 | | |
| 1403 | Hồ-hán-thương | Thiệu-thành, | 紹成 | | |

ANNÉES DE L'AVÈNEMENT.	NOMS PRIVÉS.	CHIFFRES DE RÈGNE.	TITRES DYNASTIQUES.	OBSERVATIONS.
1403	Hồ-hán-thương.	Khai-đại 開大 ou Khai-thới, 開泰		

Retour de la dynastie des Trần 陳

1407	Ngỗi........	Hưng-khánh, 興慶	Giản-định-đế.	
1409	Quí-khoáng....	Trùng-quang, 重光	Trùng-quang-đế.	

De 1414 à 1427, l'Annam est retombé sous l'autorité des gouverneurs chinois.
En 1417, Lê-lợi se met à la tête des mécontents.
En 1420, un prétendant, nommé Lê-ngã, se proclame empereur et bat monnaie (à quel chiffre ?). Il disparaît aussitôt, sans laisser d'autre trace dans l'histoire.

1426	Tung........	Thiên-khánh, 天慶	....	Fait roi par Lê-lợi. Que devint-il ? Les historiographes ne le comptent pas au nombre des souverains légitimes.
1427	Kiểu ou Cảo...	....	....	Même observation.

Dynastie des Lê 黎 *postérieurs.*

1428	Lê-lợi.......	Thuận-thiên 順天	Thái-tổ.	
1434	Nguyên-long...	Thiệu-bình, 紹平 Đại-bửu, 大寶	Thái-tong.	
1443	Bang-kì.......	Thái-hòa, 太和 Diên-ninh, 延寧	Nhơn-tông.	

ANNÉES DE L'AVÈNEMENT.	NOMS PRIVÉS.	CHIFFRES DE RÈGNE.		TITRES DYNASTIQUES.	OBSERVATIONS.
1460	Nghi-dân	Thiên-hưng,	天興		Assassin de Nhơn-tông; n'a gardé le pouvoir que huit mois et n'a pas reçu de titre dynastique.
1461	Tư-thành	Quang-thuận, Hồng-đức,	光順 洪德	Thánh-tông.	
1498	Tăng ou Huy	Kiểng-thống,	景統	Hiến-tông.	
1505	Tuân	Thái-bình ou Thới-trinh,	太平 泰貞	Túc-tòng.	
1506	Tuân	Thọai-khánh ou Đoan-khánh,	瑞慶 端慶	Oai-mục-đế.	
1510	Uinh	Hồng-thuận ou Hồng-đức,	洪順 洪德	Tương-dực-đế.	
1516	Trần-cảo	Thiên-ứng,	天應		Prétendants. N'ont pas reçu de titres dynastiques.
1516	Quảng-trị				
1518	Ý	Quang-thiệu,	光紹	Chiêu-tông.	
1518	Cung	Tuyên-hoà,	詮和		Même observation.
....	Du				Idem.
1523	Xuân	Thống-nguơn,	統元	Cung-hoàng.	

ANNÉES DE L'AVÈNEMENT.	NOMS PRIVÉS.	CHIFFRES DE RÈGNE.	TITRES DYNASTIQUES.	OBSERVATIONS.
		Usurpation des Mạc 莫		
1528	Mạc-đăng-dung ou Dong	Minh-đức, 明德		
1530	Đăng-dinh	Đại-chánh, 大政		
		Retour de la dynastie des Lê. 黎		
1533	Vinh	Nguơn-hoà, 元和	Trang-tông.	
1541	Mạc-phước-hải.	Quảng-hoà, 廣和		
1547	Mạc-phước-nguyên	Vĩnh-định, 永定 Kiểng-lịch, 景歷 Quang-bửu, 光寶	....	Prétendants de la famille Mạc. — Sans titres dynastiques.
1549	Huyên	Thuận-bình, 順平 Thiên-hựu, 天祐	Trung-tông.	
1557	Duy-ban	Chánh-trị, 正治 Hồng-phước, 洪福	Anh-tông.	
1561		Thuần-phước, 淳福		
1566		Sùng-khương, 崇康		
1572	Mạc-mậu-hiệp	Diên-thành ou Quản-thành, 延成 廣成	....	Prétendant de la famille Mạc. — Sans titre dynastique.

ANNÉES DE L'AVÈNEMENT	NOMS PRIVÉS	CHIFFRES DE RÈGNE		TITRES DYNASTIQUES	OBSERVATIONS
1573	Đàm	Gia-thới,	嘉泰	Thế-tông.	
		Quang-hưng,	光興		
1579		Đoan-thới, ou Đang-thới,	端泰 端泰		
	Mậu-hiệp *(suite)*.			....	Prétendant de la famille Mạc. Sans titre dynastique.
1581		Hưng-trị,	興治		
1584		Hồng-ninh,	洪寧		
1592	Mạc-tuyên	Võ-an,	武安	....	*Idem.*
1592	Mạc-kính-chỉ	....		....	*Idem.*
1593	Mạc-kính-cung	Càn-thống,	乾統	....	*Idem.*
1598	Mạc-kính-dung	....		....	*Idem.*
1600	Duy-tân	Thận-đức,	慎德	Kính-tông.	*Idem.*
		Hoằng-định,	弘定		
1605	Mạc-khánh-vương	....		....	*Idem.*
1617	Mạc-kính-khoan	....		....	*Idem.*
1618		Vĩnh-tộ,	永祚		
1629	Duy-kị	Đức-long,	德隆	Thần-tông.	
1636		Dương-hoà,	陽和		
1643	Duy-hựu	Phước-thới,	福泰	Chơn-tông.	

— 41 —

ANNÉES DE L'AVÉNEMENT.	NOMS PRIVÉS.	CHIFFRES DE RÈGNE.	TITRES DYNASTIQUES.	OBSERVATIONS.
1649	Retour de Duy-kị......	Khánh-đức, 慶德 Thạnh-đức, 盛德 Vĩnh-thọ, 永壽 Vạn-khánh, 萬慶	Thần-tông, comme devant.	
1663	Duy-củ......	Kiểng-trị, 景治	Huyền-tông.	
1666	Mạc-kinh-vỏ...	....	....	Prétendant de la famille Mạc. Sans titre dynastique.
1673	Duy-hội......	Dương-đức, 陽德 Đức-nguơn, 德元	Gia-tông.	
1676	Duy-hiệp......	Vĩnh-trị, 永治 Chánh-hoà, 正和	Hi-tông.	
1706 1721	Duy-đường..	Vĩnh-thạnh, 永盛 Bảo-thới, 保泰	Dủ-tông.	
1729	Duy-phường..	Vĩnh-khánh, 永慶	Vĩnh-khánh-đế.	
1732	Duy-tường....	Long-đức, 龍德	Thuần-tông..	
1736	Duy-thìn......	Vĩnh-hựu, 永祐	Ý-tông.	
1740	Duy-đào......	Kiểng-hưng, 景興	Hiển-tông.	
1777	Nguyễn-v-nhạc.	Thái-đức, 太德	....	Chef des rebelles Tây-sơn.
1786	Duy-kiêm.....	Chiêu-thống, 昭統	Chiêu-thống-đế.	

ANNÉES DE L'AVÈNEMENT.	NOMS PRIVÉS.	CHIFFRES DE RÈGNE.	TITRES DYNASTIQUES.	OBSERVATIONS.
		Temps des Tây-sơn 西山		
1777	Nguyễn-văn-nhạc	Thái-đức, 泰德		
1787	Nguyễn-văn-huệ	Quang-trung, 光中		
1792	Nguyễn-đăng-toản	Kiểng-thạnh, 景盛		
1800		Bửu-hưng, 寳興		
		Dynastie des Nguyễn 阮		
1801	Nguyễn-phước-anh	Gia-long, 嘉隆	Thế-tổ-cao-hoàng-đế	En 1791, n'ayant encore que succédé à la dignité de chúa, il avait fondu déjà des monnaies au chiffre : *Gia-hưng* 嘉興
1821	Đảm ou Đởm	Minh-mạng, 明命	Thánh-tổ-nhơn-hoàng-đế.	
1841	Thì	Thiệu-trị, 紹治	Hiển-tổ-chương-hoàng-đế.	
1847	Nhậm	Tự-đức, 嗣德		Actuellement régnant.

§ 2.

Le rapide aperçu qui précède, de l'histoire générale de l'Annam, permet d'établir, dès à présent, trois grandes divisions :

1° Les temps antérieurs aux annales et semi-historiques ;

2° La période des gouverneurs chinois, plus ou moins indépendants du pouvoir impérial ou simples fonctionnaires ;

3° Les dynasties annamites.

C'est dans cet ordre que nous exposerons donc les résultats de nos recherches, et le lecteur voudra bien observer que, cette étude étant spéciale aux monnaies et médailles annamites, nous n'avons pas à parler de la numismatique du Ciampa ni de celle du Bas-Cambodge, jusqu'au moment où, par infiltration ou à main armée, les Annamites ont eu pris pied dans ces deux pays et y ont eu apporté leurs usages. Il faut bien, d'ailleurs, avouer que l'on est encore loin d'avoir réuni, sur les pays anciennement connus sous les noms de *Lâm-âp* et *Chơn-lâp (Lîn-y* et *Tchin-la* des Chinois), des données qui permettent de les comprendre dans ce travail, sans s'exposer à de trop grosses erreurs, et aussi sans sortir du cadre que nous nous sommes tracé.

Sur les temps antérieurs aux *Annales* et les temps semi-historiques, il y a naturellement peu à dire ; déjà connus au temps des 100 familles (Bá-việt) et répandus le long des frontières méridionales du Grand-Empire, les ancêtres des Annamites menaient l'existence indépendante, presque sauvage, qu'on retrouve aujourd'hui encore chez les montagnards qui bravent depuis 5,000 ans, au Yun-nan, dans leurs forêts aux abords escarpés, les effets de la puissance d'absorption de la Chine. Alors point de monnaies, nulle convention sociale rapportant à un objet déterminé une valeur courante : les produits sont échangés selon les ressources et les besoins, et les métaux y sont admis au même titre que les grains, les fruits, les productions quelconques de la nature ou de l'activité humaine, comme on le voit faire actuellement encore chez les Moïs quelque peu éloignés des marchés annamites. Le seul progrès réalisé chez ceux-ci, sous l'empire évident de la nécessité, c'est qu'ils ont admis une unité monétaire: là le buffle, ici la marmite de fonte de fer ou la hachette.

Habitant une région riche en métaux, les anciens Annamites (Giao-ch') n'ont sans doute pas eu de peine à adopter les moyens plus commodes d'échange que leur ont apportés les premiers gouverneurs chinois, et ces usages se sont naturellement généralisés sous l'influence des nombreuses colonies chinoises qui sont venues se mêler aux indigènes, à partir du IIIe siècle avant l'ère chrétienne.

A cette époque, disent les *Annales de la Chine,* les habitants des territoires que nous appelons Tonkin et Cochinchine n'avaient ni gouvernement, ni écriture, ni lois fixes.

Vers l'an 214 avant J.-C., ils furent soumis par les armées qu'envoya jusqu'au Bengale le fameux empereur Chè-houàng-tý; plus de 500,000 émigrants des provinces de Kouâng-Tòng et Kouâng Si vinrent s'établir au milieu d'eux et commencer l'œuvre de fusion physique et morale qui a valu aux Annamites de nos jours peut-être leur type mongolique, mais à coup sûr leur civilisation. Ils y apportèrent aussi leurs usages monétaires, — plutôt que leurs monnaies, car on sait que ces colons n'étaient généralement que des artisans, des vagabonds, des aventuriers, tous gens robustes et jeunes, mais dépourvus de biens. Les armées envahissantes même ne traînaient pas à leur suite des quantités de métal monnayé; vivant sur le pays conquis, elles ne s'embarrassaient pas de ces masses de cuivre. C'est ce qui explique en partie pourquoi l'on ne trouve plus, même au Tonkin qui fut colonisé le premier, aucune de ces curieuses pièces de bronze, aux formes bizarres, qu'on ne découvre d'ailleurs pas aisément non plus en Chine, de nos jours.

La conquête et l'occupation prolongée du pays d'Annam par les Chinois y ont laissé, dans la Numismatique comme en toutes choses, des traces qu'on ne songera pas à discuter et qui font qu'on ne saurait s'occuper avec succès des médailles et monnaies annamites, si l'on ne possède déjà quelque peu de Numismatique chinoise.

A l'époque de la grande invasion de l'an 214 avant J.-C., la Chine faisait encore usage de monnaies de bronze ayant la forme de couteaux longs de 0 mèt. 135 mil., portant sur la lame le caractère *minh* 𒀱 (明) et munis d'un anneau à l'extrémité du manche, pour les enfiler. Sous la 9ᵉ dynastie (Tsỳ, — de l'an 479 à 501 de l'ère chrétienne), on se servait aussi de monnaies de même métal et de même forme, mais longues de 0 mèt. 18 cent., avec un large anneau au bout du manche, et les caractères *Tsỳ Kù-u Hoá* 𒀱 (濟去化). La forme de ces monnaies se modifia tout naturellement : le manche fut supprimé et l'anneau vint s'adapter au pied de la lame ; mais, pour conserver à la pièce le même poids, son épaisseur fut considérablement augmentée et l'anneau devint une rondelle plate avec un trou central pour le passage du lien.

Plus tard, le peuple s'était si bien habitué à la circulation de ces objets, faciles à manier et à transporter, d'une conservation assurée, qu'il en était arrivé à ne plus les considérer comme l'équivalent réel de la valeur des choses, mais seulement comme une valeur conventionnelle, fiduciaire en quelque sorte ; on vit alors, pour la plus grande commodité des gens, disparaître cette épaisse lame, dernier reste de l'antique couteau, et la rondelle trouée en carré fut seule conservée.

Voilà, en quelques mots, l'historique de la *sapèque*, — car l'on nous permettra de nous servir de cette appellation familière aux Européens qui veulent désigner la menue monnaie, ronde et toujours percée d'un trou central, qui a cours depuis la Malaisie jusqu'au Japon.

Quelques-unes de ces pièces, datant de Hiaó-où-tý, le grand batailleur (140 avant J.-C.), et d'autres, de Ouàng-màng, se sont assez bien conservées au Tonkin, protégées par des superstitions populaires. Le premier de ces deux empereurs, ayant fait briser des idoles de bronze, on en fondit les débris pour en faire les monnaies connues sous le nom de *Tchcou-yuên ;* elles en portent les caractères 周元. L'eau dans laquelle elles ont trempé passe pour rendre les femmes fécondes et guérir force maladies.

Quant aux pièces de Ouàng-màng (an 9 après J.-C.), elles se distinguent par les caractères *poú tsuên* 布泉 (布泉)

en annamite, *Bô-tuyén ;* les femmes les portent suspendues à leur cou afin d'être assurées de donner naissance à des garçons.

Comme ce sont là des sujets relevant de l'histoire métallique de la Chine, nous ne devons nous en occuper ici que pour établir l'origine des formes monétaires en Annam et sans nous y arrêter davantage, pas plus que nous n'avons à nous arrêter à décrire les médailles-talismans, les amulettes, les jetons et autres pièces de provenance chinoise que l'on trouve répandues, bien que assez rares, sur tous les points de l'Annam. Sur les unes figurent des signes heureux, des emblèmes qui portent bonheur, des vœux ou des sentences de bon augure ; le phénix, le dragon, la chauve-souris, etc. ; sur d'autres, on voit reproduits les huit signes du *pă Koúa (Bát quái),* dont la puissance éloigne les mauvais esprits ; il existe aussi des pièces sur lesquelles sont inscrites des invocations, des exorcismes ou les premiers mots de la prière bouddhique, *Nam mô A-di-đà Phật,* reproduits quelquefois en caractères *fan* ou sanscrits. Nous avons même trouvé, égarés jusqu'ici, une médaille universitaire, commémorative du succès d'un candidat au doctorat ès-lettres, et quelques-uns de ces jetons de cuivre fabriqués, dans le temps des grandes guerres des anciens et jusqu'au règne des *Hán,* pour célébrer la valeur des généraux et les mérites de leurs chevaux de bataille ; nous ne les notons qu'en passant et pour mettre le chercheur en garde contre des confusions qui nous ont causé, à nous-même jadis, de regrettables pertes de temps.

Il faut remonter jusqu'au vi[e] siècle de notre ère pour entendre parler, pour la première fois, de monnaies purement annamites. Les pièces de cette époque, coulées, dit-on, au chiffre *Thiên-đức,* doivent être très-rares, sinon introuvables, et c'est sans doute dans le Tonkin septentrional qu'on doit les aller chercher. Si l'on en juge par les pièces chinoises du même temps, celles des premiers empereurs de la 10e dynastie *(Leáng),* que nous supposons avoir pu être prises pour modèle, la monnaie de Lý-nam-đê a été coulée en cuivre, ronde, mince, d'un diamètre étroit, et percée du trou carré central. Il n'en a sans doute pas été fabriqué de grandes quantités, étant donnée l'instabilité du pouvoir du nouveau roi, car l'on a vu que, renversé en 546 par un concurrent, il se vit forcé de chercher un refuge au Laos. Il est probable aussi que l'usage de cette monnaie fut proscrit dès que les gouverneurs chinois eurent rétabli l'autorité impériale (603).

Un traité chinois des anciennes monnaies de cuivre (1) qui donne les dessins de dix-neuf pièces annamites, présente, comme plus ancien chiffre, *Thái-bình (Hưng-bửu)*, de 968. Au revers est inscrit le caractère 丁 *đinh*.

Le fondateur de la dynastie des Lê postérieurs, *Đai-hành*, a laissé des monnaies de cuivre au chiffre *Thiên-phước*, au revers desquelles on lit le caractère 黎 « *Lê* »; — en a-t-il été fondu sous Trung-tông, qui régna trois jours?

Les princes de la dynastie *Lý* fabriquèrent des pièces à leurs chiffres. Nous connaissons : du règne de Thái-tông, des monnaies marquées *Minh-đạo*, 3e chiffre ; du règne de Nhơn-tông, des pièces marquées *Thiên-phù*, 7e chiffre ; du règne de Cao-tông, des pièces marquées *Tri-bình*, 4e chiffre ; d'ailleurs, les luttes que soutinrent les rois d'Annam contre les empereurs de Chine, particulièrement Lý-nhơn-tông, donnent à penser qu'ils ne voulurent rien perdre de l'espèce d'autonomie conquise par Lê-hoàn. Il en fut de même pour la dynastie Trân, qui succéda aux Lý ; il existe des monnaies de cuivre au chiffre *Nguơn-phong*, 1er du règne de Thái-tông, et l'on sait que le roi Minh-tông emprunta aux Malais de Lâm-âp, vaincus et réduits en vassalité par son père (Anh-tông, 1293 à 1314), l'usage de la monnaie d'étain. Ce métal est entré dès longtemps pour une bonne part dans le bas-monnayage de tous les peuples de la péninsule et des îles malaises, et il en était encore usé de même à Bangkok dans ces dernières années. Nous verrons l'usage s'en perpétuer jusqu'à nos jours en Annam ; seulement on en arrivera, par des alliages

---

(1) *Koù-tsuĕn-yáy*, par Lý-tcho-pŏng, publié à Lý-tsin (province de Chantong), 1879. — 16 kuén.

d'abord, et la suppression ensuite, à mélanger et enfin remplacer un métal relativement coûteux par un autre plus vil, qui est le zinc.

Ce premier essai de monnayage de l'étain en Annam ne fut, sans doute, qu'un expédient, ou ne répondit pas aux intentions de son auteur car, après quelques années, les pièces d'étain au chiffre *Ðại-khánh* furent démonétisées et remplacées par des pièces de cuivre au chiffre *Khai-thới*.

Les auteurs citent également les monnaies de cuivre de *Dũ-tông*, aux chiffres *Thiệu-phong* et *Ðại-trị*, et c'est sous le règne de Thuận-tông (1391 à 1398) qu'eut lieu la première émission de papier-monnaie. Ce fait nous est une preuve de plus de l'existence continue du lien intime qui n'a cessé d'unir l'Annam à la Chine et qui a, de tout temps, porté celui-là à adopter, on peut dire aveuglément, ce qui lui vient des fils du Céleste-Empire. On sait que l'empereur Où-tsông, qui régna de 1308 à 1311, ne se contenta pas de la monnaie de cuivre ordinaire, mais qu'il émit aussi du nouveau papier-monnaie, de la valeur d'un taël d'argent. M. G. Pauthier dit qu'il en avait été fabriqué sous Khoubilaï-khan et rapporte ainsi la relation qu'en fait Marco Polo (1) :

« Il est voir que en ceste ville de Canbalu, est la secque
« (hôtel des monnaies) dou grant sire, et est establé en tel
« mainère que l'on poet bien dire que le grand sire ait l'aquei-
« mie (l'alchimie) parfetement........ Et quant cestes chartes
« sunt faite en la mainère que je voz ai contés, il en fait faire
« tous les paiement et les fait despendre por toutes les provences
« et regnes et terres là où il a seingnorie, et nulz ne l'ose refuser
« à poine de perdre sa vie......... Et si voz di sans nulle faile
« que plosors fois l'an les merchant aportent toutes chouses
« que bien vaillent quatre cent mille bizans, et le grant sire
« les fait toutes paier de celes chartes. Et encore vos di que plosors
« fois l'an voit comandement por la vile que tuit ceulz que ont
« pierres et perles et or et argent, le doivent porter à la secque

---

(1) *L'Univers : Histoire et description de tous les peuples* (Chine), par M. G. Pauthier. (Paris, Firmin Didot frères, 1837).

« dou grant sire, et ils le font et hi n'aportent en si grant
« habundance que ce est sans nombre, et tuit sunt paiés de
« chartes, et en cette mainère a le grant sire tout l'or et l'argent
« et les perles et les pierres précieuses de toutes ses terres. »

Les avantages politiques et fiscaux d'un pareil système n'échappèrent pas au ministre intelligent et audacieux que fut Lê-quí-ly; aussi, en 1397, à la veille de se saisir ouvertement du pouvoir royal, et voulant prévenir toute résistance sérieuse à ses projets de la part des grands et du peuple, en rassemblant sous sa main le plus clair de la richesse publique, il décréta, à l'imitation des Yuen, le cours forcé du papier-monnaie. La peine de mort fut réservée aux contrefacteurs et le papier jouit, en vertu de la loi, d'une prime de 20 p. 100 sur la monnaie de métal. Bien que dépréciée, celle-ci n'en subsista pas moins, car on possède des pièces fondues cinq ans plus tard (1402) au chiffre *Thánh-nguơn*.

En 1420, le prétendant Lê-ngã battit aussi monnaie. L'histoire a gardé peu de traces de cet individu: on ignore le chiffre qu'il adopta, et si Lý-ban, qui dispersa la petite armée de ses partisans, a laissé subsister quelques-unes de ses monnaies, c'est dans l'ancienne province de Lạng-sơn qu'il faut les rechercher.

Pendant les dix années que *Lê-lợi* combattit contre la Chine pour la libération du territoire de l'Annam, il fit rois, successivement, deux princes de la famille Trần, mommés Tung et Kiểu. On fondit alors des monnaies au chiffre *Thiên-khánh*. Auquel des deux faut-il attribuer ce chiffre? Il y a doute; toutefois le Đôc-phù Vị pense qu'il revient à Trần-kiểu (1426-1427).

Fondateur de la grande dynastie des Lê postérieurs, Lê-lợi se trouva le maître d'un royaume épuisé, ruiné, et le monnayage dut employer divers métaux car, si on lui attribue des pièces de cuivre, on doit penser qu'il existait aussi des sapèques d'une matière inférieure puisqu'il est dit qu'il abaissa à 50 le nombre des pièces formant le tiển (dixième du quan), que l'on avait déjà, dans les temps difficiles que l'on venait de traverser, dû porter de 70 à 60. Les monnaies de cette époque portaient le chiffre *Thuận-thiên*, et Thái-tòng, fils et successeur de Lê-thái-tô, qui battit monnaie aux chiffres *Thiệu-bình* et *Đại-bửu*, put relever à 60 le mombre des pièces formant le tiên. C'est la composition du tiên de nos jours, en sapèques de zinc.

Depuis cette époque, le cuivre et le zinc ont continué à servir concurremment au monnayage ; nous connaissons, du règne de Nhơn-tông, des petites pièces de cuivre aux chiffres *Thái-hòa* (1443) et *Điên-ninh* (1454), et, de ses successeurs, des pièces marquées :
Thiên-hưng (1460), *Quang-thuận* (1461), *Hồng-đức* (1470), *Cănh-thống* (1498), *Đoan-khánh* (1506), *Nguơn-hoà* (1533), toutes généralement très-minces, assez grossièrement fabriquées et sans inscription aux revers. Les princes qui ont suivi ont naturellement livré, chacun, à la circulation, des monnaies fondues sous leur règne et portant l'un de leurs chiffres, jusqu'à Chiêu-thông, dont les pièces semblent se ressentir des longs exils en Chine, auxquels fut réduit le dernier des Lê.

Son prédécesseur, Kiêng-hưng, avait d'ailleurs subi avant lui l'influence des méthodes chinoises, car les pièces de son règne offrent déjà des revers très-variés dans leurs inscriptions.

Les usurpateurs de la famille Mạc, s'ils ont consenti à faire acte de vassalité envers la Chine en acceptant le calendrier impérial, n'ont certes pas manqué d'affirmer leur autorité royale en Annam, en fondant des pièces de monnaie à leurs chiffres. Le premier d'entre eux, Mạc-đăng-dong, se vit obligé d'imprimer son chiffre *Minh-đức* sur l'étain et le fer, à défaut de cuivre. Ces pièces, fragiles ou très-oxydables, sont devenues sans doute très-rares, si elles n'ont disparu totalement, d'autant mieux que leur auteur ne régna qu'un an et céda, en 1529, le pouvoir à son fils, Đăng-dinh, qui battit monnaie à son chiffre *(Đại-chánh)*.

Une fois redevenus maîtres de Hà-nội (1591), les rois Lê ont substitué partout leurs monnaies à celles des usurpateurs ; mais on peut cependant retrouver, sans doute, dans les provinces de Thái-nguyên et de Cao-bằng, qui restèrent aux Mạc jusqu'au siècle dernier, des pièces aux 15 ou 16 chiffres de règne qu'on leur connaît.

Il a été question, dans le résumé historique, du chinois Mạc-cửu, qui fit hommage aux Nguyễn de Cochinchine de la principauté de Hà-Tiên fondée par lui sur la côte orientale du golfe de Siam, aux dépens du roi du Cambodge. Ce Mạc-cửu obtint du Chúa de Huê les titres de gouverneur et général en chef. Le *Gia-định-thung-chi* raconte qu'il avait commencé par être fermier des jeux : c'est peut-être alors qu'il avait fait fabriquer les sapèques de cuivre (jetons plutôt que monnaie), dont on retrouve encore des spécimens à Hà-Tiên. Ce sont des pièces extrêmement minces, mesurant à peine deux centimètres de diamètre, percées d'un trou central carré, de sept millimètres de côté, conséquemment très-légères. Elles portent invariablement le chiffre *Thái-bình,* 太平 qu'ont conservé jusqu'à nos jours, en Chine, les rebelles fameux qui, sous le nom de Tây-pìng, luttent depuis près de 300 ans contre les empereurs mantchoux. Il n'en a pas été fondu d'autres dans la principauté de Hà-Tiên sous les successeurs de Mạc-cửu, et celles qui subsistent encore sont appelées *Tiên-hoển* (monnaies anciennes) par les Annamites.

Quand il se proclama roi au Bình-định, en 1777, le principal chef des rebelles Tây-sơn, Nguyễn-văn-nhạc, adopta le chiffre *Thái-đức* et fondit des monnaies de cuivre. Dans ces pièces, les caractères n'ont qu'un très-faible relief, mais sont dessinés avec soin et entourés d'une large marge, plus large encore au revers, lequel ne porte aucune inscription. Le métal est très-mince, le diamètre ne mesure que 23 millimètres, et la pièce que nous possédons semble saucée.

Nguyễn-văn-huệ, après la conquête du Tonkin, se proclama empereur : il régnait depuis le Quang-nâm jusqu'aux limites septentrionales du Tonkin ; celles de ses monnaies que nous connaissons portent le chiffre *Quang-trung,* et sont en cuivre mince. Elles sont fabriquées avec soin et datent de 1787 ; leur diamètre égale 24 millimètres et les revers ne portent aucune inscription.

Quand son fils Đăng-toản lui succéda, il adopta le chiffre *Kiếng-thạnh,* sous lequel il émit, lui aussi, de la monnaie de cuivre de mêmes dimensions que celle de Huê, mais d'une facture moins soignée.

Nous ne pensons pas qu'il existe des pièces au chiffre *Bửu-hưng* que Toãn adopta en 1800, au milieu de ses revers et à la veille de tomber entre les mains du prince Phướ́c-anh.

Ce dernier, étant à Saigon, en 1791, et ayant pris le titre de Vương (roi feudataire) sous le drapeau des Lê, avait choisi le chiffre *Gia-hưng ;* il l'inscrivit sur des monnaies de zinc, fondues en 1796, en l'hôtel qu'il avait installé sur l'emplacement où se trouve actuellement la prison centrale. Le directeur des ateliers monétaires était un nommé Trương-phướ́c-luật, qui est devenu plus tard ministre des finances. Nous n'avons pu retrouver aucune de ces pièces ; ont-elles été retirées de la circulation et refondues après 1802? Les renseignements nous font défaut.

§ 3.

Le XIXᵉ siècle offre aux recherches un terrain plus facile, rapproché, et dont l'étude, si elle est complète, doit fournir les éléments clairs et précis de la Numismatique annamite, aussi bien en ce qui regarde le passé que pour le temps présent. Ce que les Annamites ont appris des Chinois, ils l'ont conservé à peu près tel quel jusqu'à nos jours, et les dissemblances que l'on reconnaît entre les deux peuples, dans certaines matières, ne tiennent qu'à des usages profondément entrés dans les mœurs dès avant la colonisation chinoise, transmis avec le lait de mère et si bien passés dans les caractères qu'ils ont résisté chez la masse populaire, et par suite se sont imposés de siècle en siècle, malgré l'influence de la Chine et souvent la pression des grands et des lettrés indigènes, infatués du pédantisme philosophique qui tient lieu de science à la plupart de ces ignorants pleins d'orgueil. On peut dire que ces restes de leur caractère propre sont ce qu'il y a de meilleur chez l'Annamite, et c'est si vrai que le bas peuple, qui les a le mieux conservés, jouit encore, lorsqu'il n'a pas à craindre le despotisme du maître, du naturel enjoué, brave, laborieux et susceptible de franchise et de générosité, qui fait si souvent défaut dans les classes plus élevées. Mais en matière de monnaies et médailles, la Chine a pu d'autant mieux s'inféoder l'Annam qu'elle a trouvé là table rase. On y a donc imité servilement le système en usage dans le Céleste-Empire, et l'on s'est immobilisé durant une longue suite de siècles; aussi croyons-nous ne pas nous tromper en affirmant qu'à part certains perfectionnements apportés dans le monnayage des métaux précieux, que l'on doit à Gia-long (1801 à 1820) et sur lesquels nous aurons à insister plus loin, la Numismatique annamite est encore aujourd'hui ce qu'elle était au moyen-âge et peut-être plus loin encore.

On peut poser comme règle que toutes les pièces de monnaie annamites antérieures au XIXᵉ siècle présentent à peu près les mêmes caractères : la matière est le cuivre plus ou moins pur, (les pièces de fer, d'étain ou de zinc ont disparu ou sont devenues introuvables); les dimensions varient entre $0^m,025$ et

— 54 —

0m,020; elles sont invariablement percées d'un trou central, et le champ des revers est dépourvu de toute inscription, sauf dans un petit nombre de pièces, particulièrement celles aux chiffres *Kiểng-hưng* (Hiển-tông, 1740-1786), *Chịêu-tông* (1786-1791) et *Thới-đức* (1771-1786), dont nous parlerons plus loin.

Indépendamment des pièces dont les chiffres ont été indiqués dans ce travail, on en trouve encore qu'il nous semble bien difficile de classer, marquées qu'elles sont aux chiffres de prétendants ou de princes que les annalistes considèrent comme rebelles ou usurpateurs et qui n'ont pas eu les honneurs des listes chronologiques officielles; tels sont :

Hi-nguơn, 熙元

Hàm-tông, 咸宗

Khai-phù, 開符

An-pháp, 安法

Thiêu-phù, 紹符

Tường-thánh, 祥聖

Tường-nguơn, 祥元

Nguơn-long, 元隆

C'est dans les ouvrages traitant des guerres civiles et qui ont pu être soustraits aux recherches des partis victorieux, que l'on doit rechercher les données qui en permettront la restitution. Ces pièces se ressentent des temps de troubles qui les ont vues paraître : elles sont toutes de dimensions très-petites et d'une exécution des plus imparfaites. Quoi qu'il en soit, nous pensons que si l'étude du XIXe siècle est complète, on possédera la clef des temps antérieurs et les recherches seront singulièrement facilitées. C'est une raison de nous y attacher tout particulièrement:

Si nous ne nous trompons, l'Annam n'a jamais reçu de sa

puissante éducatrice, ou n'a jamais su s'assimiler l'intelligence artistique dont les monuments sont décrits dans les *Annales chinoises*. Point de ces colonnes de métal, hautes de cent pieds, et sur lesquelles on a gravé l'éloge des souverains, ni de ces grands vaisseaux de bronze, pesant jusqu'à 1800 quintaux, et sur lesquels était tracée la géographie de l'empire, ou de ces admirables vases d'airain, dignes de supporter la comparaison avec les productions les plus appréciées de l'art antique d'Occident, et qui existent encore, dit-on, dans les collections de l'empereur de Chine (1).

Il n'y a pas lieu de s'en étonner, d'ailleurs, quand on sait que le goût des arts s'était éteint en Chine, et ne s'y est ranimé qu'au XIIe siècle de notre ère, sous la dynastie des Sóng.

Ce défaut de goût a fait que le métal n'a servi, généralement, qu'à des usages pratiques, monnaies plus souvent que médailles, et la pauvreté de celles-ci, leur insignifiance rebuteront, nous le craignons, les numismates accoutumés aux richesses et aux beautés artistiques de la Grèce et de Rome.

S'il n'a été question, jusqu'ici, que des monnaies de cuivre, de fer, de zinc ou d'étain, ce n'est pas à dire pour cela que les métaux précieux, l'or et l'argent, ne soient pas entrés dans la circulation sous forme de médailles ou de lingots titrés. Le *Bình-nam-thiệt-luật* rapporte, dans les correspondances échangées entre les *Vua Lê*, les *Chúa Trịnh* et leurs généraux, durant les guerres contre les *Nguyễn* de Cochinchine, maintes distributions de médailles et de lingots d'or et d'argent, accordées en récompense de services éclatants ou à titre d'encouragement aux chefs et aux soldats; mais qu'étaient ces médailles? Il ne nous a pas été donné de le découvrir : cette découverte est réservée à ceux qui, plus heureux que nous, peuvent explorer directement le Tonkin. Quant aux lingots d'or ou d'argent, dont la valeur est toujours indiquée en *lượng* (taël), étaient-ils monnayés ou n'était-ce qu'une valeur de compte payable en monnaie de cuivre?

Cette dernière hypothèse est très-vraisemblable; mais pourtant il est certain que, sans entrer dans le monnayage ordinaire, l'or

---

(1) G. Pauthier, op. cit.

et l'argent ont circulé en Chine dès les temps les plus reculés, et l'usage a pu évidemment s'en répandre depuis longtemps dans l'Annam.

M. O. Girard a dit, dans « *France et Chine,* » que « la Chine, à « l'heure qu'il est, n'a pas encore, à proprement parler, un « système monétaire parfaitement établi ; sa monnaie n'est que « de deux sortes, l'une d'argent et l'autre de cuivre, et encore « serait-il plus exact de dire que la monnaie de cuivre mérite seule « d'être ainsi nommée puisque, seule, elle est sous forme de « pièces, tandis que l'argent ne circule qu'en lingots. Il faut remar-« quer cependant que ces lingots ont un poids déterminé et sont « dans des conditions légales d'alliage qui en fixe la valeur, ce « qui sert à leur donner, dans les échanges du commerce, tout « aussi bien qu'aux pièces de cuivre fondues avec un module uni-« forme et réglementaire, toutes les garanties propres d'une « monnaie régulièrement établie. »

Selon le même auteur, l'unité de la monnaie d'argent était le *leang* ou taël, qui égalait 37 gr. 58 cent. Le taël n'avait pas une valeur uniforme dans toutes les provinces de l'empire, ni même dans une province. Sa valeur haussait et baissait plusieurs fois dans l'année ; sa moyenne la plus ordinaire était de 7 fr. 80 cent. comparée à notre monnaie.

C'étaient le poids et le titre qui déterminaient seuls la valeur de l'argent. Fondu en lingots, l'argent était coupé, selon les besoins, en fragments plus ou moins considérables.

Quand il ne contenait pas d'alliage, il était dit *argent de cent* ; le plus courant n'avait généralement pas au-dessous de 97 p. 100 de métal pur, mais il y avait des provinces où il descendait jusqu'à 92 1/2. Les finances impériales n'admettaient que l'argent pur.

Tels ont bien été les usages importés en Annam par les immigrants chinois, mais autrefois, comme aujourd'hui encore, en dehors de la partie française de la Cochinchine, l'argent était rare et, à part les réserves du trésor impérial, celles de quelques familles riches et influentes et, sans doute aussi, les caisses du haut commerce chinois, les monnaies de cuivre et de zinc étaient le seul numéraire circulant. C'est même cet état de choses qui avait fini par éloigner des ports annamites les navires européens qui y venaient commercer. On raconte que le *Saint-Michel*, bâtiment de Bordeaux, étant venu à Touranne en 1832, chargé de marchandises d'Europe, et l'empereur y ayant fait faire, pour son compte, des achats dont le montant s'élevait à six ou sept mille francs, on en fit le paiement en monnaie de cuivre. Le mandarin-trésorier ne voulut entendre aucune réclamation de la part du subrécargue, M. Borel, lequel exigeait des lingots d'argent, pour cette bonne raison que les sapèques offertes n'avaient cours qu'en Annam. La menace même d'en référer au consul de France à Singapore et au gouverneur anglais ne purent lui faire obtenir gain de cause.

Cependant, on peut dire que, depuis le commencement du XIXe siècle, la situation monétaire s'était considérablement améliorée en Annam, suivant le mouvement effectué, du reste, en Chine, dans le même temps. Les pièces de cuivre et de zinc étaient restées à peu près les mêmes, mais l'argent, monnayé avec plus de soin, s'était plus répandu, et les médailles que l'on trouve aux chiffres *Minh-mạng*, *Thiệu-tri* et *Tự-đức*, démontrent un progrès très-réel dans l'utilisation des métaux précieux.

Des auteurs français qui ont traité des monnaies annamites, nous ne citerons que trois noms: le baron de Chaudoir, Bonneville et Mgr Taberd. L'œuvre du premier, déjà vieille d'une cinquantaine d'années, nous est totalement inconnue; le second s'est borné à un atlas de Numismatique générale, très-brièvement annoté, et dans lequel l'Annam, qui semble d'ailleurs peu connu de l'auteur, n'est représenté que par quelques pièces confondues, sous le nom de *lingot-monnaie*, avec d'autres pièces chinoises et japonaises. Les gros lingots d'or, du poids de 597 et de 510 grammes, et ceux d'argent de 535 et de 264 grammes, d'une forme grossière, large, écrasée et portant les caractères 公甲 et 宝 *(Cong-giáp et Bửu)*, ou d'autres absolument inintelligibles, nous inspirent des doutes: il ne nous a jamais été donné d'en rencontrer aucun ainsi conformé, et il est permis de penser qu'ils ont été dessinés d'après des renseignements ou des croquis fort inexacts. Les quatre autres pièces rectangulaires, en argent, reproduites par Bonneville, sont plus réelles et nous en retrouverons les modèles dans la suite de ces notes.

Quant à Mgr Taberd, il nous a laissé, dans l'appendice à son beau dictionnaire latin-annamite (1), page 96, une courte et précieuse notice sur les monnaies, telles qu'elles existaient sous le règne de Minh-mang, c'est-à-dire conformes aux types adoptés par Gia-long et perfectionnés par son successeur. Sept dessins de pièces rectangulaires ou rondes, or, argent ou zinc, font suite à la notice. L'auteur, tout en reconnaissant que les pièces de métal précieux, de provenance officielle, sont généralement de première qualité, remarque que les piastres dues à Minh-mạng renferment beaucoup d'alliage, et il a observé que les poids légaux des monnaies sont, du reste, rapportés au système métrique annamite. L'énumération qu'il fait des pièces ayant cours, comprend :

OR.

1º Le *Nén-vàng* ou pain d'or, du poids de dix lượng (once) ou d'un *Nén* et valant (en 1838) 1,386 fr. 80 cent.;

2º Le *Thoi-vàng* ou *Nửa-nén-vàng*, demi-pain d'or, pesant et valant la moitié du précédent;

3º Le *Lượng-vàng* ou clou d'or, du poids d'une once ou taël (39 grammes 05 centigrammes, selon Taberd) et valant 1/10e du *Nén*, ou 138 fr. 68 cent.;

4º Le *Nửa-lượng* ou *Nửa-đính-vàng*, demi-clou d'or, pesant et valant la moitié du précédent;

5º Le quart de *Lượng* d'or, valant et pesant 1/4 du taël, soit : 9 grammes 762 centigrammes et 34 fr. 67 cent.

ARGENT.

1º Le *Nén-bạc* ou pain d'argent, pesant 10 onces et d'une valeur de 81 fr. 57 cent.;

---

(1) Dictionarium latino-anamiticum, *auctore* J.-L. Taberd, *episcopo Isauropolitano, vicario apostolico Cocincinæ, Cambodiæ et Ciampæ, etc. — Serampore, 1838.*

2º Le *Nửa-nén-bạc* ou demi-pain d'argent, pesant et valant la moitié du précédent;

3º Le *Lượng* ou *đính-bạc*, clou d'argent, du poids d'un taël et de la valeur de 1/10ᵉ du *Nén* : soit 8 francs 15 cent.;

4º Le *Nửa-lượng* ou *nửa đính-bạc*, demi-clou d'argent, pesant et valant la moitié du taël;

5º Le quart de *Lượng* d'argent, qui pèse 9 grammes 762 centigrammes et ne vaut que 2 francs 039.

L'auteur y ajoute :

6º La piastre de *Minh-mang (Tẩm-bạc-tròn* ou *Bạc-chiên-phi)*, du poids de 27 grammes 045 centigrammes, mais ne valant guère que 4 francs parce que, sur 240 parties de métal, on compte 80 parties de cuivre.

ZINC.

Monnaie unique : le *Đồng*, qui est la sapèque ronde percée du trou carré central et qui ne pèse que 2 gr. 6.767.

Soixante *đồng* forment un *tiền*; dix *tiền* valent un *quan*, vulgairement appelé *ligature*.

Il n'est pas question des pièces de cuivre.

Cette énumération est assez exacte aujourd'hui encore, et il nous suffira d'y ajouter quelques détails, au fur et à mesure que nous allons placer sous les yeux du lecteur les différentes formes et dessins monétaires, pour la rendre aussi complète que possible.

Le silence gardé par Mgr Taberd, touchant les médailles, donne à penser qu'elles étaient au moins fort rares encore, il y a cinquante ans, à moins qu'il ne se soit imposé de ne traiter que des monnaies exclusivement, mais la première supposition semble confirmée par l'absence totale en Basse-Cochinchine, à notre connaissance du moins, de toute pièce de ce genre qui puisse être attribuée à Gia-long. A partir du règne de Minh-mang, on les voit plus répandues, or et argent, plus rapprochées des formes européennes et présentant même d'intéressants revers; mais les monnaies nous occuperont d'abord.

La figure n° 1, ci-dessous, représente un *Nửa-nén-vàng* ou demi-pain d'or du poids indiqué par Mgr Taberd.

Les lingots de cette importance se rencontrent plus souvent que ceux de dix taëls, encore ne peut-on pas dire, vraiment, qu'ils soient dans la circulation ordinaire. Conservés dans les réserves des trésors impériaux ou soigneusement cachés dans les familles les plus riches, ils remplissent un peu le même rôle que ces collections de bijoux étalées sur la personne des femmes de la bourgeoisie annamite : si la vanité y trouve des satisfactions, la méfiance s'en procure de plus grandes encore, car souvent la matrone annamite peut dire comme Bias, mais non avec le même désintéressement, qu'*elle porte tout avec elle*. De cette façon, les filous, qui fourmillent autour des maisons riches, sont obligés de se contenter d'aubaines insignifiantes, sous peine de commettre un de ces crimes contre les personnes qui leur répugnent tant. Mais, comme il vient un moment où la quantité des bijoux en fait une charge par trop pesante, on a recours alors à la fonte en lingots que l'on dissimule dans des cachettes bien secrètes. On voit que ce n'est plus qu'à peine une monnaie.

La face supérieure du lingot et la face inférieure ne portent ni dessins ni inscriptions ; sur les côtés sont imprimés, au moyen de poinçons, divers caractères indiquant la valeur ou le poids, et certains contrôles officiels. Ce sont d'un côté :

 *Trung* (du chinois *Tchong*), milieu, fidèle *(Dictionnaire Legrand de la Liraye)* (1).

Bình (du chinois *Ping*), en paix, réprimer, pacifier.

---

(1) Nos traductions de l'annamite sont empruntées au *Dictionnaire élémentaire annamite-français* du R. P. Legrand de la Liraye, et les traductions du chinois au *Dictionnaire* de De Guignes. Paris, 1813.

Sur l'autre grand côté :

 Công (du chinois *Kong*), juste, universel, égal.

 Ngủ (du chinois *Où*), cinq.

 Lượng (du chinois *Leang*), taël.

 Giáp, 1re lettre du cycle dénaire, eau naturelle.

Enfin, sur l'un des petits côtés :

 Báo (du chinois *Pào*), précieux, sceau impérial.

Le taël ou *lượng* d'or et ses sous-multiples sont fort rares et manquent à notre collection.

Le lingot ordinaire d'argent (fig. 2) représente à peu près l'unique forme sous laquelle ce métal circule entre commerçants et, généralement, dans toutes les transactions de quelque importance, non-seulement entre Annamites, mais encore entre Annamites et Chinois, Cambodgiens, Laotiens, etc.

Sous le nom de *Nén* ou de *Nén-thum*, il est regardé au Cambodge, selon G. Janneau, comme la monnaie la plus estimée, bien que son cours soit soumis à de fréquentes fluctuations, et sa valeur, aux guichets du trésor royal, est ordinairement fixée à 15 dollars 50.

Sous cette forme, le *Nén* ne sort pas des ateliers monétaires du gouvernement, mais du creuset des particuliers, qui ne se font pas faute d'en altérer le titre au point, quelquefois, de substituer à l'argent un métal plus vil, qu'une simple pellicule de métal précieux enveloppe extérieurement. Aussi ce lingot n'est-il reçu qu'après un sérieux examen, et l'on sait à quel degré d'habileté en arrivent les Asiatiques dans l'art de distinguer, rien qu'au son, ou même à simple vue, le plus ou moins de pureté d'un métal.

— 62 —

La face supérieure ne porte ni inscription ni dessin. Sur l'un des grands côtés se trouve un poinçon aux caractères :

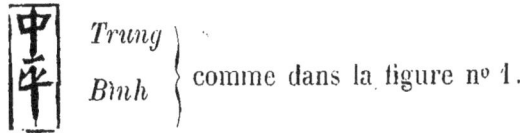
Trung
Bình } comme dans la figure n° 1.

Sur l'autre, les caractères :

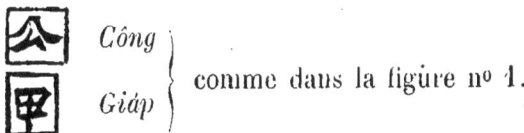
Công
Giáp } comme dans la figure n° 1.

La face inférieure porte, gravés en creux, à l'une des extrémités, les caractères :

Thập, dix.

Lượng, taël, onces,

et, à l'autre extrémité, une fleur 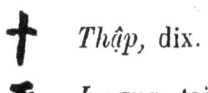.

Légèrement cintré dans le sens de la longueur, ce lingot présente un rebord de 2 millimètres de saillie autour de la partie supérieure ; la partie inférieure est quelque peu convexe, et les deux caractères qu'on y lit, ainsi que la fleur, semblent avoir été gravés au burin.

Les caractères indéchiffrables poinçonnés sur les petits côtés paraissent être, à y bien regarder :

Nhứt, unique, un.

Công
Giáp } comme dans la figure n° 1.

Longueur.......... 0ᵐ, 115
Largeur........... 0ᵐ, 028
Épaisseur......... 0ᵐ, 017

Poids légal.......... 390 gr. 50, selon Taberd.

— 385 gr. 458, selon Janneau,

— 377 gr. 5, d'après le poids donné au picul par la chambre de commerce de Saigon.

Le taux de 15 piastres et demie, fixé par le trésor royal à Phnompenh, pour le change du *Nén,* dépasse d'une piastre et demie la valeur réelle et n'a sans doute été adopté que pour profiter de la difficulté qu'ont les fermiers et autres débiteurs du roi, à se procurer des *Nén* en quantités suffisantes, ce qui les oblige à effectuer les paiements en piastres. C'est une façon de majorer les créances. Dans les transactions entre particuliers, le lingot d'argent de 10 taëls, qui valait 81 fr. 57 cent. du temps de Minh-mạng, est descendu aujourd'hui à 14 piastres ou 65 fr. 52 cent.

En dehors du gros lingot d'argent qui précède, on ne rencontre dans la circulation ordinaire aucune autre pièce de fabrication locale : le taël et ses sous-multiples ne sortent guère des trésors impériaux que sous forme de gratifications, cadeaux, récompenses aux fonctionnaires ou aux particuliers que veut honorer le gouvernement, et l'essai de piastres tenté par Minh-mạng a échoué devant les piastres et dollars d'Amérique, dont le titre est infiniment supérieur.

Il existe un *Nén* impérial, qui commence la série des pièces de fabrication officielle et consiste en une plaque d'argent rectangulaire, coulée dans un moule fait avec soin. Bien moins épaisse que le lingot commun de 10 taëls, elle mesure une longueur de 111 millimètres sur 46 de largeur et 5 d'épaisseur. Sur la face du spécimen qui en est donné ci-dessous, fig. 3, on lit dans un triple cadre le chiffre *Thiệu-trị,* suivi des mots *Niên-tạo* (fabriquée durant l'ère *Thiệu-trị)* et, plus bas, dans un cartouche, les caractères *Ất-tị,* appellatif de la 2ᵉ année du grand cycle (1845).

Au revers et en tête, le nom de la province de Sơn-tây, siège d'un atelier monétaire; au-dessous, les caractères *Quan-ngân-thập-lượng,* indication de la valeur légale = 10 taëls d'argent fin.

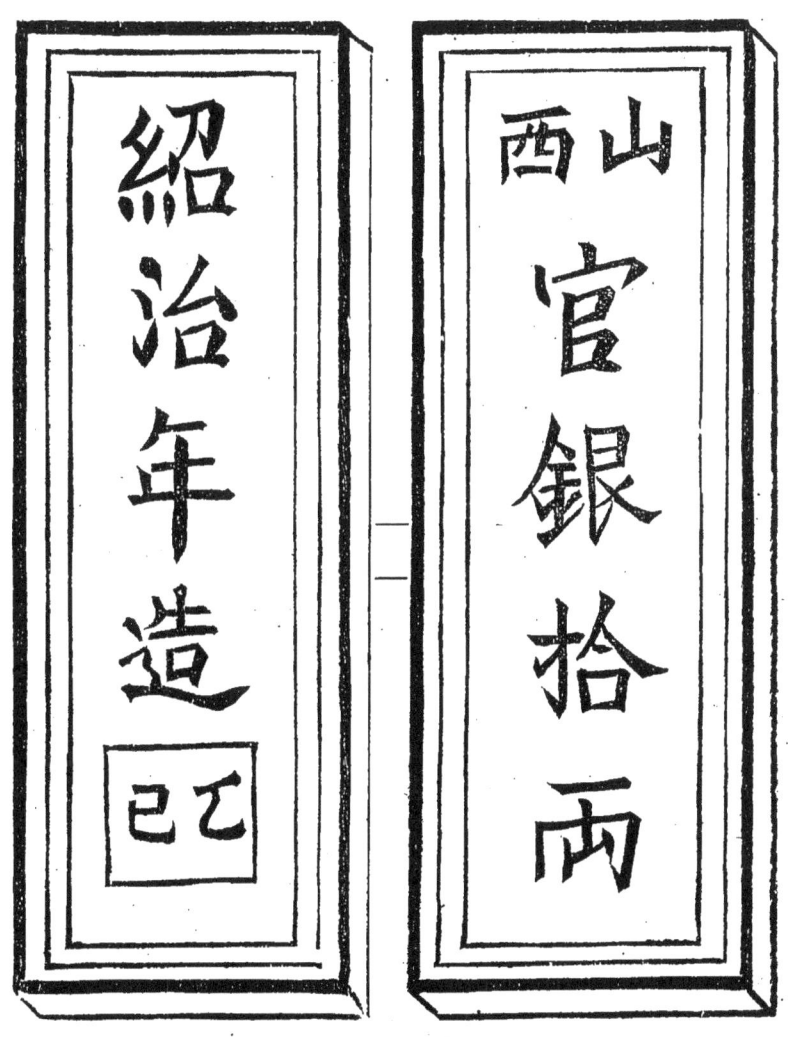

Enfin, sur la tranche, on a marqué au poinçon une abréviation du caractère *ngân*, argent.

Le *demi-nén* d'argent affecte la même forme (fig. 4); le spécimen donné par Bonneville présente les dimensions suivantes :

Longueur...................... 90 millimètres;
Largeur....................... 41 millimètres.

Son poids est de 186 grammes, et on lui accorde le titre de 980, qui est le titre légal.

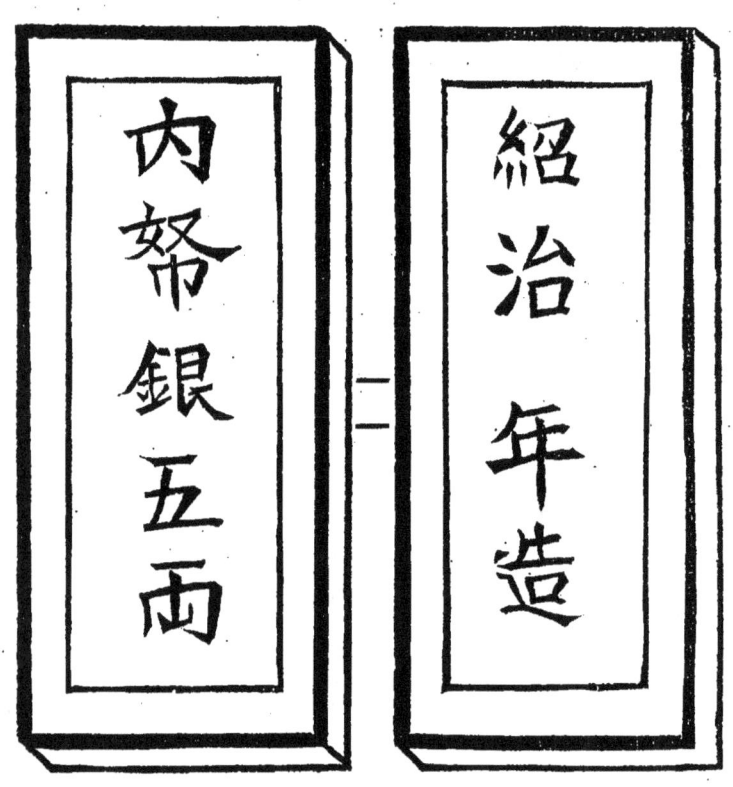

Sur la face on lit : *Thiệu-trị-niên-tạo,* comme sur le *nén* qui précède, et au revers : *Nội-nỗ-ngân-ngũ-lượng* (compté, dans le trésor, pour cinq taëls).

On trouve d'autres *demi-nén*, au chiffre *Minh-mạng*, faits avec plus de soin encore et avec un certain goût, comme sont généralement, d'ailleurs, toutes les pièces émises sous le règne du fils de Gia-long. Au lieu du simple double-cadre, un dessin d'ornement entoure les inscriptions de la face et du revers.

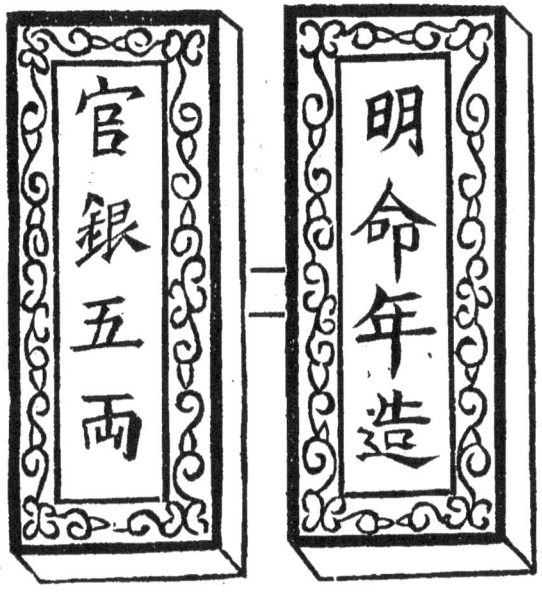

Le poids de cette pièce n'est que de 181 grammes; sa largeur est de 27 millimètres et sa longueur de 69 millimètres. La face porte : *Minh-mạng-niên-tạo*, et le revers : *Quan-ngân-ngũ-lượng*.

La figure n° 6 est la représentation d'un double lượng d'argent. Cette pièce est curieuse en ce qu'elle ne porte à l'avers que le chiffre *Trung-bình*, qui est différent de celui du règne. Ce n'est peut-être qu'un essai datant des premières années de Gia-long, et qui a été modifié par la suite.

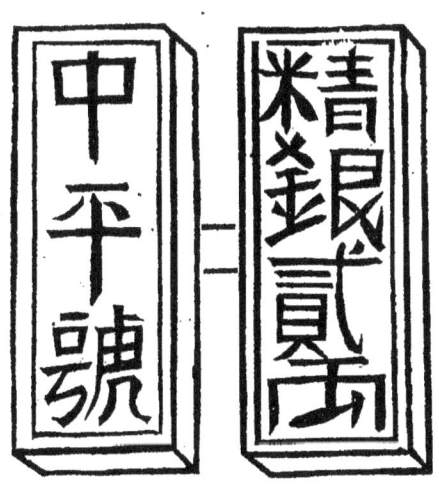

Sur la face, on lit les caractères : *Trung-bình-hiệu* (chiffre : *Trung-bình*); au revers : *Tinh-ngân-nhị-lượng* (argent pur, 2 taëls).

A l'imitation des Chinois, les Annamites ont adopté pour unité monétaire, le *lượng* (taël des Européens). A vrai dire, ce n'est point l'unique unité monétaire : à côté du mode officiel, conforme aux règles des poids et mesures et qu'on emploie exclusivement dans tous les actes du gouvernement, dans la langue du droit et de l'administration, il existe une coutume en vertu de laquelle on a adopté pour unité de compte, dans les affaires privées, commerciales et autres, le *quan* ou ligature formée de 600 sapèques de zinc, dont il sera parlé quand nous traiterons du bas monnayage.

Ainsi qu'on l'a vu plus haut, dans la citation empruntée à Mgr Taberd, le *lượng*-monnaie compte des multiples et des sous-multiples. Les premiers se bornent à un double *lượng* d'argent, aux lingots de cinq *lượng* et aux *nén* valant 10 *lượng*; encore ces deux derniers sont-ils les seuls généralement connus. Étant donnés les rapports qui existent entre les divers poids du système annamite et sachant que la chambre de commerce de Saigon compte 60 kil. 400 gr. au picul ou *tạ* (qui vaut 100 *cân* ou cattis, ou 160 *nén*), on voit que le poids courant du *lượng* doit être pris pour 37 gr. 75. C'est le poids très-approximatif de quinze sapèques de zinc au chiffre *Gia-long*, dont 40 ligatures équivalent à un *tạ*. Mais cette règle n'a rien d'absolu et varie selon les pays, comme on l'a vu, d'après les opinions de Mgr Taberd et de Janneau, corroborées par les expériences faites sur diverses pièces donnant des poids très-variables, depuis 39 grammes jusqu'à 37 gr. 10.

La figure ci-dessous représente un *lượng* du temps de Gia-long.

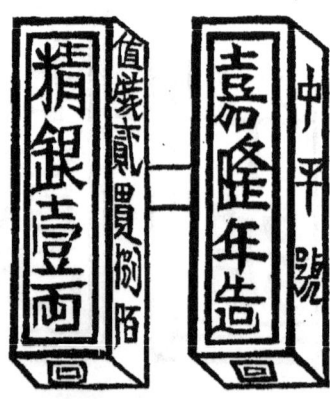

Plus courte, plus étroite, mais plus épaisse que celles qui ont été fabriquées par la suite, cette pièce est surchargée de caractères. Sur la face, on lit: *Gia-long-niên-tạo* (fabriquée durant l'ère Gia-long), et au revers: *Tinh-ngân-nhứt-lượng* (un taël d'argent pur).

Les deux côtés portent les inscriptions suivantes. Sur l'un: *Trung-bình-hiệu* (chiffre: *Trung-bình*); sur l'autre : *Tri-tiên-quan-bác-mạch* (valeur en monnaie, deux *quan* huit *tiền*).

Enfin, à chaque extrémité, se voit l'empreinte d'un poinçon. A l'une se trouve un carré inscrit dans un autre plus grand ; à l'autre trois cercles concentriques.

La longueur de la pièce est de 0m 0,435 ; sa largeur de 0m 013, son épaisseur, de 0m 0,065 et son poids de 39 grammes; un double filet en encadre les inscriptions.

On trouve dans l'album de Bonneville le dessin d'un *lượng* d'argent, dont les dimensions mesurent :

Longueur 0m 057
Largeur................................ 0m 023

et dont le poids n'est que de 37 gr. 10.

Sur la face on lit : *Minh-mạng-niên-tạo* (fabriqué durant l'ère Minh-mạng); au revers : *Quan-ngân-nhứt-lượng* (valeur légale = un *lượng* d'argent).

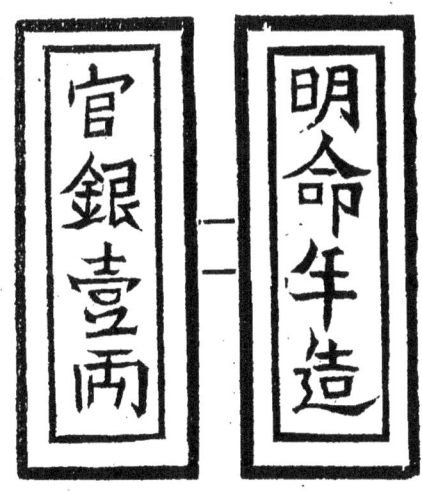

Les lượng d'argent de fabrication plus récente, aux chiffres *Thiệu-trị* et *Tự-đức*, diffèrent peu de celui-ci, quant aux dimensions et aux inscriptions, aussi ne croyons-nous pas qu'il soit utile d'en donner les dessins. Les premiers, mesurant 58 millimètres sur 25 avec 0ᵐ 0,025 d'épaisseur, pèsent 38 gr. 70. La face porte les caractères *Thiệu-trị-niên-tạo*, et le revers : *Nội-nô-ngân-nhứt-lượng* (compté, dans le trésor, pour un *lượng* d'argent).

Ceux de *Tự-đức* mesurent jusqu'à 61 millimètres de longueur sur 25, d'autre seulement 47 millimètres sur 15 ; mais leur poids atteint parfois 39 grammes. Sur la face on lit : *Tự-đức-niên-tạo*; quelquefois on a ajouté, au-dessous, l'appellatif de l'année d'émission. Exemple : *qui-hợi* 亥癸 (1863). Au revers : en tête le nom de la province à laquelle appartient l'atelier monétaire ; ex : *An-giang* 江安 ; plus bas : *Quan ngan-nhứt-lượng*. D'autres fois, le revers ne porte que l'inscription déjà citée pour le *lượng* de *Thiệu-trị*, mais sur la tranche on a inscrit, d'un côté le nom de la province, de l'autre le poinçon de vérification du poids 重 *Trọng*, ainsi que d'autres poinçons carrés ou ronds, de petite dimension.

Parmi les sous-multiples du *lượng* d'argent, nous ne connaissons que :

1º La pièce de trois *quan*, de *Tự-đức*, mesurant 42 millimètres sur 14, avec 3 millimètres d'épaisseur.

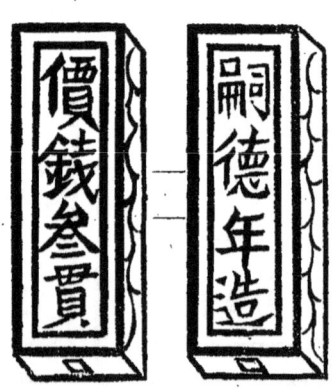

Sur la face se trouve la même inscription : *Tự-đức-niên-tạo,* mais le revers porte : *Giá-tiền-tam-quan* (valeur, trois ligatures de sapèques). Les côtés sont ornés de festons, et aux extrémités ont été imprimés deux poinçons, l'un carré, l'autre circulaire.

Le poids de cette pièce est de 16 grammes.

2º La pièce de deux *quan*, longue de 29 millimètres et large de 10, pesant 8 grammes et également ornée d'un feston sur chacun des côtés. Aux extrémités se trouvent les mêmes poinçons que ci-dessus.

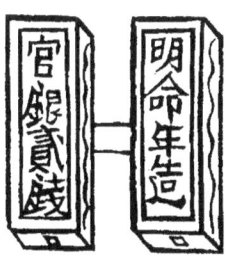

Le spécimen présenté ici porte sur la face : *Minh-mạng-niên-tạo,* et au revers : *Quan-ngan-nhị-tiền.* Il existe, assure-t-on, une pièce de Tự-đức du même poids, mesurant 30 millimètres sur 9, qui porte au revers les caractères *(Nhứt-quan-ngũ-mạch* = un quan cinq *tiền).*

3º La pièce d'un *quan* de Tự-đức, et du poids de 5 grammes ; elle mesure les mêmes dimensions que la précédente en longueur et largeur, et présente les mêmes ornements et poinçons sur la tranche ; sur la face, on lit : *Tự-đức-niên-tạo,* et sur les revers : *Giá-tiền-nhứt-quan.*

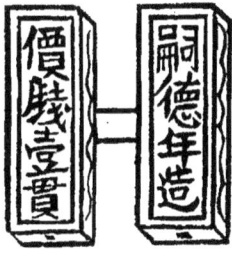

On remarquera que les indications de la valeur, telles qu'on les lit sur ces plaques d'argent, sont très-confuses et dénotent des variations très-grandes dans le rapport de la monnaie d'argent au quan; sur un lượng de Gia-long, pesant 39 grammes de métal pur, nous avons trouvé: *Tri-tiên-quan-bác-mạch*, tandis que sur des pièces de Tự-đức, du poids de 16 grammes, on lit: *Giá-tiên-tam-quan;* sur une pièce de Minh-mạng pesant 8 grammes: *Quan-ngân-nhị-lượng;* sur la même de Tự-đức: *Nhứt-quan-ngũ-mạch,* et sur une autre enfin, de Tự-đức, du poids de 5 grammes: *Giá-tiên-nhứt-quan*.

Nous n'essayerons pas d'expliquer ces singularités, mais nous hasarderons pourtant cette opinion que l'on entend parler sans doute, dans ces indications, de la valeur du tsiên chinois, qui vaut un dixième du taël, soit 0 fr. 833, au cours indiqué en 1878 par le catalogue général des douanes maritimes impériales de la Chine.

Pour achever notre série des monnaies d'argent, il nous reste encore à parler des pièces rondes *(Tầm-bạc-tròn)* ou piastres au dragon *(Bạc-chiên-phi)*, émises au temps de Minh-mạng. Ces pièces ne sont pas rares, non peut-être parce qu'elles ont été fabriquées en grand nombre, mais plutôt parce que le titre en est tellement bas qu'elles n'ont point été acceptées dans les libres transactions et qu'elles sont restées, conséquemment, aux mains de ceux qui n'ont pu se dispenser de les recevoir à leur sortie des caisses impériales. Mgr Taberd leur accorde 65.5 pour 100 de métal pur pour 37.5 de cuivre; nous en connaissons dans lesquelles la proportion a été renversée, et qui comptent à peine 37.5 d'argent.

Ces pièces sont de deux modules. La plus grande (fig. 12), dont le diamètre est légèrement supérieur à celui de la piastre mexicaine, avec à peu près même épaisseur et un poids de 27 gr. 30, est du genre de celles dont parle Taberd.

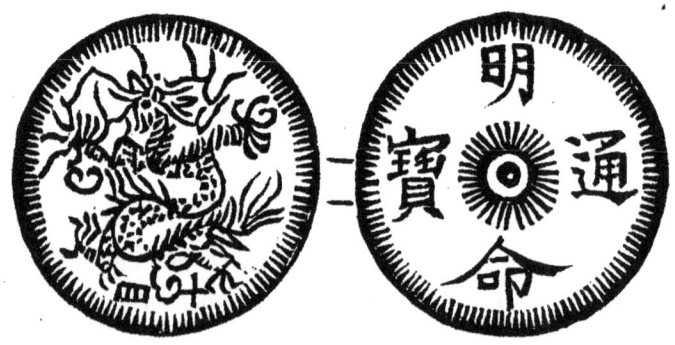

La face présente, au centre, un soleil radié, et les quatre caractères *Minh-mạng-thông-bửu* (chiffre de règne : *Minh-mạng ;* pénétrer, circuler, du chinois Tổng); précieux, sceau impérial (du chinois Pào). Des rayons serrés sont indiqués le long du périmètre de la pièce.

Au revers, le dragon impérial à cinq griffes, entouré de flammes; au-dessous, l'indication de l'année du règne dans laquelle a eu lieu l'émission. Nous n'en connaissons aucune qui soit antérieure à la 13e année de Minh-mạng (1832).

Des pièces de modules variés portent les chiffres des successeurs de Minh-mạng. Les plus petites mesurent généralement 32 ou 33 millimètres de diamètre, n'ont que 0m 0,015 d'épaisseur et pèsent de 13 grammes à 13 gr. 45. Les dessins des faces ne diffèrent de la précédente que par les chiffres de règne, et les revers sont identiques, sauf la suppression de l'indication de l'année d'émission. Elles paraissent frappées au maillet. — Dans les unes et les autres, la tranche porte des rayures obliques. L'album de Bonneville donne le dessin d'une piastre de ce genre, du poids de 26 gr. 10.

On nous a affirmé qu'il existe des pièces d'or du même type, pesant 26 gr. 70 pour le grand module, et 13 gr. 35 pour le petit, et qui sont tenues pour un *lượng* et un demi-*lượng ;* mais il n'en est jamais tombé dans nos mains. Certains disent aussi que, démonétisés aussi bien que les pièces d'argent du même type, ces *lượng* et demi-*lượng* d'or, en forme de piastres et demi-piastres, ont été utilisés eux aussi, depuis longtemps par le gouvernement, qui les a distribués comme médailles aux sujets méritants.

Le cuivre et le zinc présentent peu de variétés dans les formes ; c'est toujours l'invariable pièce ronde, percée d'un trou carré central. Quelques millimètres en plus ou en moins dans les diamètres, des moules plus ou moins soignés, la largeur des marges et les dimensions du trou central constituent les seules différences appréciables. A quelques rares exceptions près et que nous allons citer, les revers n'offrent que des champs absolument nus, pas un dessin, pas une allégorie. Il n'en est pas ainsi, naturellement, des faces, où chaque changement des chiffres de règne a dû apporter nécessairement des modifications.

Le soin de la fabrication de ces pièces de monnaie est confié à un directeur, qui porte le titre de *Cai-cuộc-đức-tiên*. Elles sont coulées et non frappées au balancier comme nos monnaies d'Europe, et les matières employées sont le cuivre allié à 30 à 40 pour 100 de zinc, ou le zinc pur. On sait qu'on trouve en abondance ces deux métaux au Tonkin et dans les provinces méridionales de la Chine, au Yun-nan, au Koueï-tcheou, au Quang-đông, etc.

Ces monnaies ont l'inconvénient d'un poids énorme; de plus, comme elles sont enfilées en chapelets qui en réunissent jusqu'à 600, les mettre en ordre suffit à causer un travail pénible, et l'on est exposé à des accidents aussi désagréables que fréquents. M. Brossard de Corbigny, dans ses « *Huit jours d'ambassade à Hué* » (1), en a fait la remarque humoristique :

« En fait de monnaie, dit-il, nous trouvons ici l'antique
« sapèque de zinc, valeur: un septième de centime. Elle n'a pas
« changé de forme ; toujours aussi incommode, toujours enfilée
« par son milieu en lourds chapelets, elle continue à casser de
« temps en temps son lien pour s'éparpiller par terre, si bien
« qu'il faut ramasser l'une après l'autre six cents de ces petites
« rondelles pour relever seulement la valeur de dix-huit sous
« français. Il y a, de plus, mais ici seulement, la sapèque de
« cuivre, d'une valeur six fois plus forte, soit un centime
« environ. »

Autre inconvénient : cette monnaie subit de très-grandes variations dans sa valeur, comparée à celle de l'argent, et l'on peut dire qu'elle descend quelquefois bien près de sa valeur intrinsèque. Malheureusement, le gouvernement de l'Annam ne prend pas la peine, comme celui de la Chine, de rétablir l'équilibre au moyen des immenses réserves métalliques qui emplissent ses magasins. La politique de celui-ci, dit M. O. Girard, « est de ne jamais souffrir que le cuivre soit à un assez bas prix pour

---

(1) *Huit jours d'ambassade à Hué (royaume d'Annam)*, par M. Brossard de Corbigny, lieutenant de vaisseau, attaché à la mission, 1875. Dans *le Tour du monde*, t. XXXV.

qu'on puisse gagner à faire de la fausse monnaie pour le mettre en œuvre. »

Enfin l'on doit reprocher encore :

1° Aux sapèques de cuivre, leur excessive rareté, qui est telle qu'on a de tout temps constaté leur absence totale sur les marchés de la Basse-Cochinchine. Il est vrai que bien des gens rapportent que, vu le défaut de minerai de cuivre dans toute cette région, dans le sol et dans les importations, les fondeurs ont l'habitude d'accaparer toutes ces pièces pour les transformer en marmites, braseros et autres ustensiles domestiques.

2° Aux sapèques de zinc, leur grande fragilité. Il s'en perd chaque jour de grandes quantités : quand le faible lien de jonc qui les réunit en *quan* vient à se rompre et les répand sur le sol ; quand le possesseur d'une somme un peu considérable l'empile en paquets de dix ligatures, il s'en brise un grand nombre, et d'autant plus aisément que le métal est moins résistant et que l'oxyde le ronge avec cette incroyable puissance de destruction qui n'épargne pas plus l'acier le mieux trempé que l'homme le plus solidement constitué, sous l'impitoyable climat de l'Indo-Chine.

Toutes ces pièces portent indistinctement sur la face le chiffre du règne, deux caractères inscrits verticalement, accompagnés des mots *Thông-bửu*, indice de l'émission légale, et qui sont rangés horizontalement.

Sur toutes les monnaies annamites, comme sur toutes celles de la Chine du reste, on trouve cette formule ou quelque autre analogue, variant quelquefois, mais seulement pour le premier caractère. Depuis Gia-long, on s'en est tenu invariablement à *Thông-bửu*, à part dans les pièces de 60, de 50, de 20 et de 10, au chiffre *Tự-đức;* mais nous avons les pièces au chiffre *Thiệu-bình*, qui sont marquées des caractères *Phong-bửu*, celles du chiffre An-pháp, qui ont les caractères *Nguon-buư*, etc.

Nous allons donner, d'ailleurs, la liste des principales variations que nous avons rencontrées dans les collections annamites, et aussi sur les pièces chinoises, car celles-ci se reproduisent souvent chez les autres.

通 Thông (du chinois Tông : pénétrer, rendre praticable, ouvert, praticable).

寶 Bửu (du chinois Pảo : chose précieuse, sceau impérial).

Ce dernier, qui paraît ne devoir jamais varier, entre habituellement comme second terme dans la formule et il suffira au lecteur de l'ajouter à chacun des caractères qui suivent :

聖 Thánh (du chinois Chíng ou Chén : très-sage, saint, intelligent).

豐 Phong (du chinois Fông : riche, abondant).

符 Phù (du chinois Fôu : unir).

祐 Hựu (du chinois Yéou : secours donné par les esprits).

平 Bình (du chinois Pìng : paix, tranquillité).

元 Ngươn (du chinois Youên : origine, commencement, premier, grand).

重 Trọng (du chinois Tchóng : lourd, pesant, poids).

巨 Kự (du chinois Kùu : règle).

大 Đại (du chinois Tá : grandeur, grand).

永 Vĩnh (du chinois Yòng : perpétuel).

泉 Tuyên (du chinois Tsuên : monnaie de cuivre).

順 Thuận (du chinois Chún : obéir, acquiescer).

Ces six derniers se trouvent sur les pièces de *Kiểng-hưng,* aussi souvent au moins que *Thông* et que *Ngươn.*

Quelle intention a présidé au choix de ces termes? Sans doute les souverains n'ont consulté en cela, ainsi que pour la désignation des chiffres de règne, que leurs préférences et ont recherché ou une formule élégante, ou un rapprochement euphonique ou peut-être l'expression d'un vœu.

Les revers ont été longtemps vides de toute inscription ou indication quelconque ; dans les sapèques anciennes nous n'avons vu qu'une seule pièce, datant de l'ère Vĩnh-thọ (1649 à 1662), qui portât au revers un caractère *(Nhứt,* un, unique). Sous Kiĕng-hưng, on voit les inscriptions au revers se multiplier; ce sont :

- • Un simple point, une étoile.
- 一 Nhứt (un, unique).
- 中 Trung (du chinois Tchông : milieu, centre).
- 京 Kinh (du chinois Kìng : cour ou demeure du roi, haute colline).
- 工 Kông (du chinois Kòng : ouvrage, part, travail).
- 山南 Sơn-nam (midi montagneux, nom d'une province de l'Annam).
- 山西 Sơn-tây (ouest montagneux, autre nom de province).

Une pièce de Thới-đức (1771 à 1787) présente le signe ☉ forme antique du caractère *Minh*. Dans un catalogue allemand (Adolph. Weyl, Berlin W., *Mohrenstrasse 16; I. Verzeichniss, september 1879),* que M. le Dr Winckel a eu l'obligeance de nous communiquer, cette pièce est dite Nothm. Tsien, monnaie de nécessité, obsidionale.

Chiêu-thông, le dernier des souverains de la famille Lê, a marqué aussi ses revers; on y lit les caractères *Nhứt, Sơn, Trung,* comme sous Kiĕng-hưng, ou 正 Chánh (du chinois Tchíng : droit, juste, égal).

Gia-long a des pièces de cuivre marquées au revers : *lục-phân* (six *phân),* et des pièces de zinc marquées *thất-phân* (sept *phân).*

Comme le *phân* est un poids du système annamite, qui vaut, selon Mgr Taberd, 0 gr. 3.905, on a là les indications du poids de 2 gr. 3.430 pour la sapèque de cuivre, et de 2 gr. 7.335 pour celle en zinc. On remarquera que ces données ne concordent pas avec d'autres précédentes, et nous insistons sur l'irrégularité qui existe dans les rapports entre les diverses monnaies, au moins dans la pratique; théoriquement elles sont bien soumises à un système parfaitement mathématique et qui n'a (oserons-nous le dire?) rien à envier au système décimal français. On peut donc attribuer les irrégularités en question à l'imperfection des procédés en usage pour la distribution du métal, comme pour son titrage.

Nous nous contenterons de donner ici, comme spécimen de la sapèque commune, le dessin d'une pièce en zinc, au chiffre *Gia-long*.

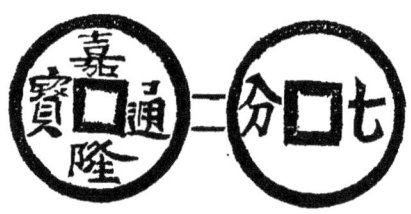

Toutes ces pièces, qu'elles soient de cuivre ou d'étain, sont à peu près semblables; mais nous avons choisi de préférence celle en zinc, de Gia-long, parce qu'elle est remarquable par la régularité des formes, la netteté des caractères et le poli du champ, aussi bien au revers qu'à la face.

Son diamètre est exactement de 24 millimètres, son épaisseur de 1 millimètre 4 et son poids de 2 gr. 8.

C'est la sapèque métrique : vingt-sept de ces pièces, côte à côte, donnent exactement la longueur du *thước* (unité de mesure) des étoffes, ou 0m 648. Dans la pratique, on forme, en réunissant un certain nombre de sapèques de zinc, une sorte de monnaie de compte, qui comprend :

Le *tiên*, ou masse composée de 60 pièces;

Le *quan*, ou ligature composée de 10 *tiên*, ou 600 sapèques;

Le *chục*, formé de 10 *quan* liés en un bloc que les soldats et les marins du corps d'occupation ont appelé *gueuse*, en souvenir des pains de fonte qu'on emploie comme lest sur les navires.

Les pièces en cuivre, de Gia-long, sont moins régulières et l'on en trouve dont le diamètre varie de 22 millimètres jusqu'à 25. Minh-mang et ses successeurs ont de moins en moins soigné le bas monnayage : le zinc est moins pur, la forme plus négligée, les dimensions plus diverses; on remarque aussi que les revers ne portent pas d'indication du poids légal.

Au chiffre *Tự-đức,* on connaît des pièces de cuivre d'un module plus grand et dont les inscriptions sont différentes, sur les faces et sur les revers. Ce sont :

1º La pièce de 60 (fig. 14) dont le diamètre est de 48 milli-mètres.

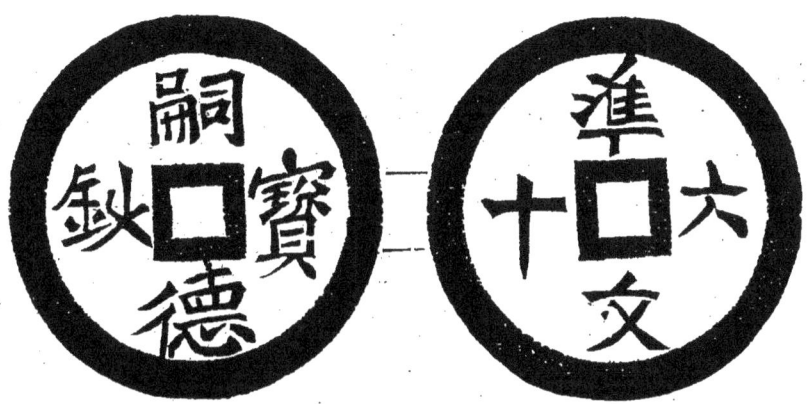

Elle porte, sur la face, les quatre caractères *Tự-đức-bửu-sao* (*Sao,* du chinois *Tchảo,* prendre, enlever), et sur le revers : *Chuẩn-lục-thập-văn (Chuẩn,* du chinois *Tchùn,* égal ; *văn,* monnaie ronde).

D'autres pièces de même valeur et semblables par la forme et les inscriptions, ne mesurent que 44 millimètres.

2º La pièce de 50, de même forme que la précédente, mais ne mesurant que 43 millimètres 5, et dont les inscriptions ne diffèrent que par la substitution, au revers, du caractère *ngũ* (cinq) à *lục* (six).

3º La pièce de 20, également pareille, mais d'un diamètre de 32 millimètres et portant au revers l'indication *Chuẩn-nhị thập văn.*

Du papier monnaie. — Nous entamons ici un chapitre qui ne relève de la Numismatique que par une fiction dont les bases n'ont rien de comparable aux conventions qui donnent à nos billets de banque leur valeur. Du système introduit en Annam par Lê-quí-ly, en 1397, il ne reste plus aucune trace, et l'on peut dire que le papier-monnaie réel y est tout au plus connu de réputation, en dehors, bien entendu, de la Cochinchine française.

C'est dans le champ de la pure fantaisie que nous conduisent maintenant nos recherches ; il ne s'agit ici que d'un papier-monnaie funéraire, représentant des valeurs imaginaires, et qui permet aux gens d'offrir aux mânes, par une feinte naïve, des sommes incalculables et cent autres choses précieuses. Pour cela, il a suffi d'en imprimer les images (fig. 15).

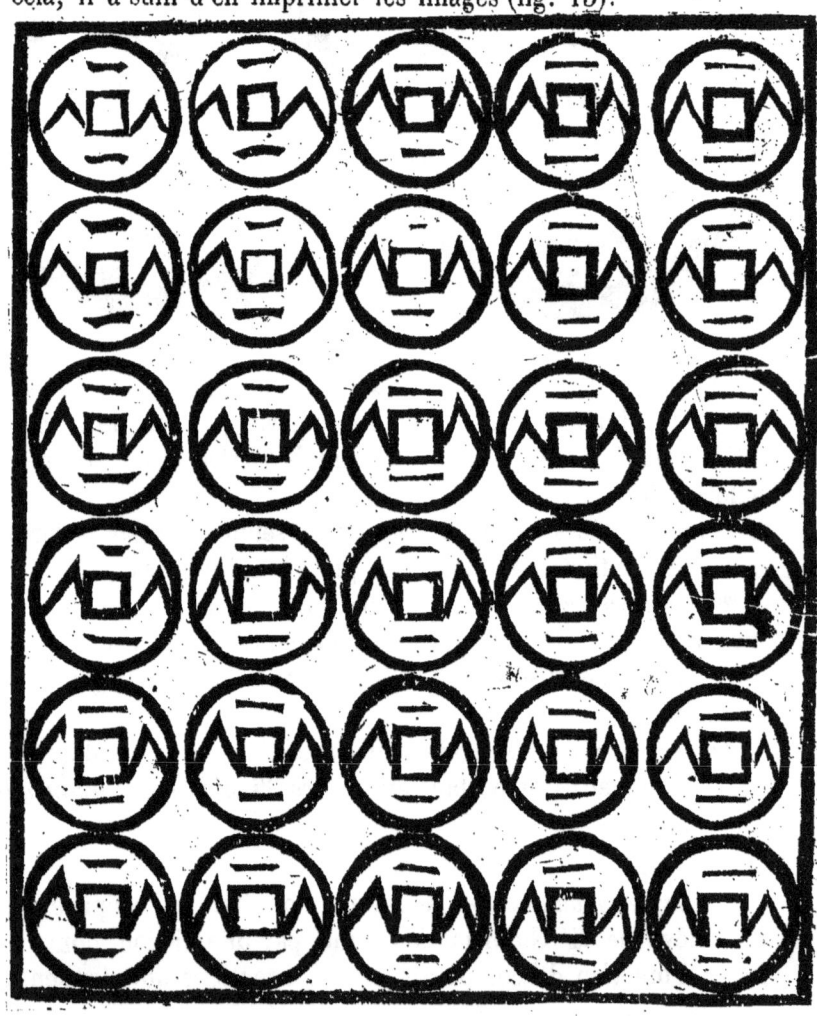

Sur des bandes de papier, de 0m 50 sur 0m 12 environ, sont alignés quatre groupes semblables de pièces en rangs serrés (soit : 120 pièces), portant cette inscription : *Nhứt-nhứt-đồng-đồng,* que l'on peut traduire par : *Nombreuses pièces de monnaie.*

Dans les cérémonies des funérailles, la famille du défunt brûle plus ou moins de ces naïves offrandes à la maison mortuaire, et l'on en sème le chemin derrière le cortége. Ces derniers sont offerts aux Cô-hòn (âmes délaissées) et l'on doit savoir que ces cô-hòn sont les âmes des personnes qui ont péri de mort violente ou qui, plus généralement, ont été privées de secours à l'heure suprême et n'ont pas eu les honneurs de la sépulture. Leurs parents ont ignoré leur sort, n'ont point pu ou voulu faire les cérémonies que prescrivent les usages, en vue de délivrer leurs âmes et, dès lors, celle-ci, qui demeurent errantes, irritées contre les humains, les tourmentent, les oppriment de mille façons, troublent les sacrifices, faussent les pronostics et annihilent les effets de la piété domestique. On comprend aisément qu'un peuple voué à mille superstitions ait imaginé toutes les combinaisons, même les plus enfantines, pour apaiser ou tromper ces terribles esprits malfaisants. Aussi d'autres valeurs, aussi fictives, leur sont-elles offertes, répandues sur le chemin ; ce sont des feuilles d'or et d'argent faux, qui simulent le métal battu en feuilles minces que l'on voit circuler en Chine et en Annam. Séduites par l'apparence brillante, les infernales cô-hòn s'attardent et perdent ainsi toute occasion de troubler les cérémonies.

南年常住
十方侟南
年常住十
十方侟南
年常住

太口平
宝　通

口
平

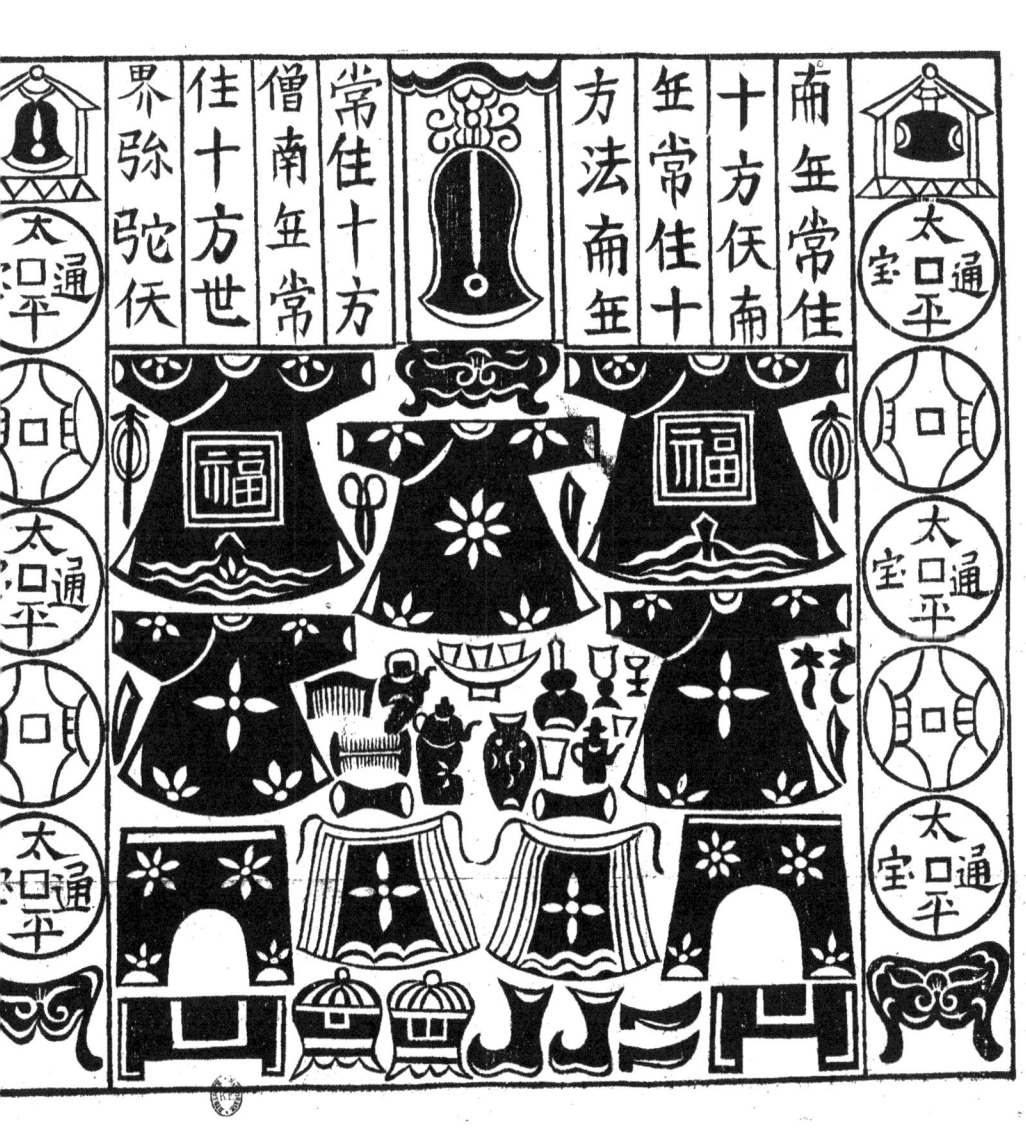

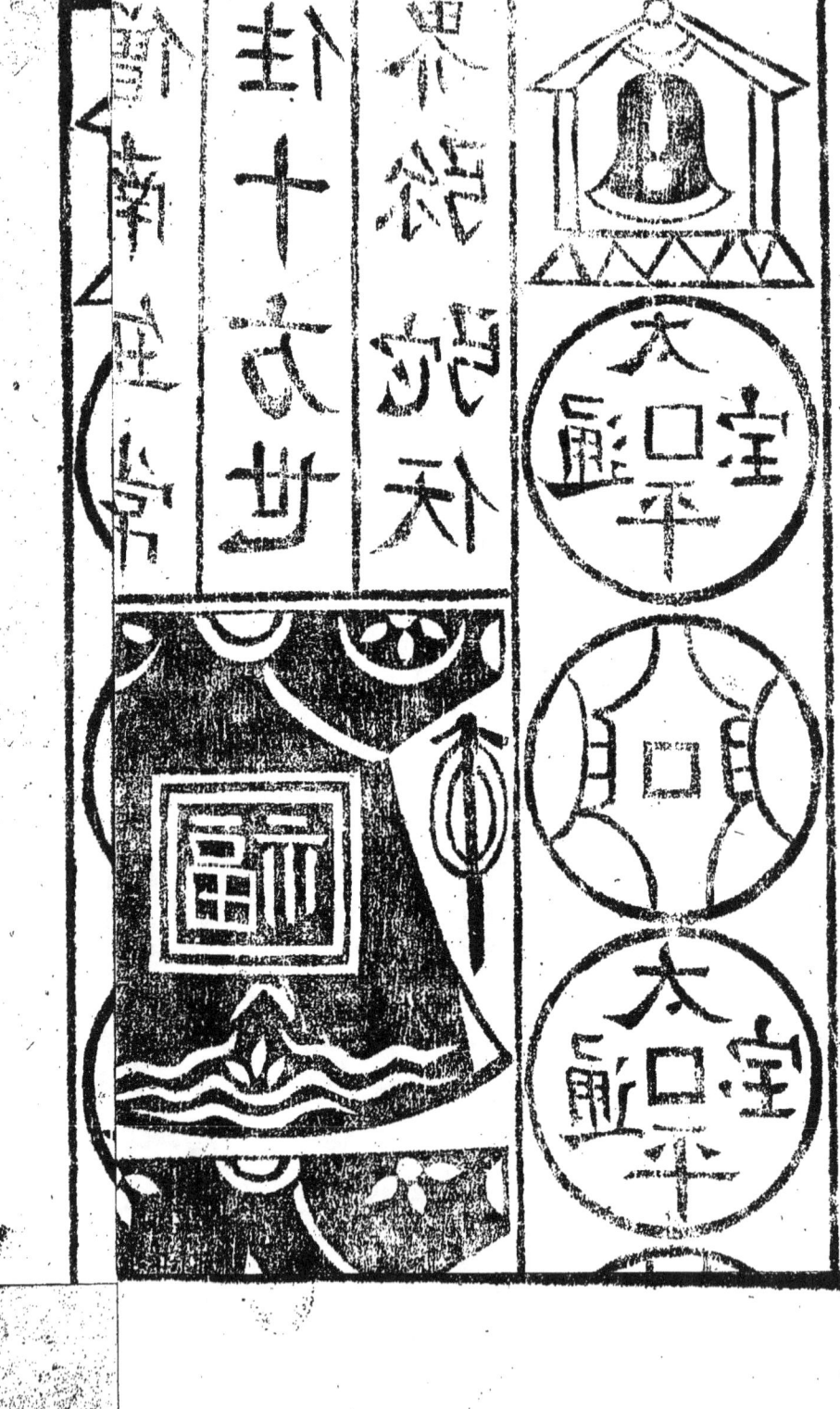

On brûle encore du papier-monnaie au lieu de la sépulture, et aussi aux époques réservées pour les offrandes directes à ces mêmes âmes errantes, c'est-à-dire le 1er et le 15 de chaque mois. Comme il s'agit d'apaiser de cruelles rancunes, rien n'est épargné : on y ajoute une autre sorte de valeur (fig. 17), dont nous donnons l'image d'autant plus exacte que, pour la présenter au lecteur, nous nous sommes contenté d'en prendre chez le marchand quelques feuilles, comme nous l'avons fait pour les deux précédentes. On fait de ces papiers-monnaie une consommation telle qu'ils en deviennent un sérieux article de commerce.

Cette deuxième sorte consiste en des feuilles surchargées de dessins et de caractères. A la partie supérieure se voit une cloche suspendue et munie de son battant; à droite et à gauche, des invocations aux bouddhas, aux esprits, aux prêtres, précédées quelquefois de la formule *nam mô A-di-đà Phật!* Au-dessous, un étalage de vêtements de luxe et d'ustensiles divers : robes brochées portant sur la poitrine le caractère *Phước*, bottes mandarines, etc, etc. De chaque côté, une rangée de pièces de monnaie au chiffre Thái-bình (paix absolue), portant au revers une combinaison de signes dont le sens nous a échappé.

Les invocations qu'on lit en tête varient quelquefois; celle inscrite dans notre spécimen n'est qu'une sorte d'oraison éjaculatoire :

« O vous, tous les phât (bouddhas) qui demeurez éternellement dans les dix lieux ! »

« O vous, les esprits tout-puissants, » etc ;

Mais, dans un autre, nous avons trouvé cette prière :

« O tous les saints ! O tous les bienheureux ! O les tout-puis-
« sants ! Vous qui êtes semblables au feu pur et brillant ! Favo-
« risez aux âmes délaissées, qui ont souffert de l'un des trois
« malheurs, l'accès du séjour divin ! »

Aux jours indiqués, le 1er et le 15 du mois lunaire, on brûle de ces papiers dans les temples et sur le seuil de chaque habitation, au moment du coucher du soleil et devant un autel sur lequel on a placé une offrande de riz et sel, faite aux cô-hồn. Pendant que les papiers se consument, le chef de famille fait ses prosternations, puis il répand, à pleines mains, l'offrande sur le toit de sa case.

On voit que, à l'occasion du papier-monnaie, nous avons été conduit à une véritable digression; nos scrupules de chercheur nous ont fait un devoir d'entrer dans ce détail, au risque de mériter le reproche d'être sorti quelque peu du sujet.

§ 4.

Des médailles. — Ainsi qu'on l'a déjà dit, des auteurs annamites parlent de distributions de médailles honorifiques en or ou en argent, faites aux généraux, aux officiers, aux soldats que l'empereur, ou plutôt ses puissants lieutenants, les Trịnh, voulaient récompenser de services exceptionnels rendus aux armées, dans la lutte contre les chúa de la Cochinchine. De quelle époque date l'usage de ces distributions? Qu'étaient ces médailles dans les temps antérieurs au xixe siècle ? Qu'étaient-elles même sous Gia-long (1802 à 1820) ?

Autant de questions que nous sommes obligé de laisser sans réponse. Les seules pièces de cette nature dont nous avons lu la description ou vu le dessin, toutes celles que nous avons rencontrées dans les milieux où se sont exercées nos recherches, portent des inscriptions indiquant une date postérieure à l'avènement du successeur de Gia-long.

Ce sont généralement des pièces rondes, — une ou deux seulement varient dans les formes — minces, coulées ou paraissant quelquefois frappées à la main, elles sont d'une facture assez soignée. Les faces présentent les chiffres de règne et l'invariable *Thóng-bửu;* mais les revers portent des dessins, des emblèmes, des figures allégoriques ou des sentences. Quelques-unes sont pleines; la plupart sont trouées, comme les monnaies. Il y en a que l'on porte suspendues à des cordons de soie passés autour du cou, et auxquelles on ajoute des franges de soie ou des glands de perles de verroterie de diverses couleurs.

Ces pièces ne remplissent aucun des rôles affectés aux médailles européennes de nos jours, et aux médaillons des anciens; ce ne sont pas, selon l'expression d'un Numismate (1) « des « pièces frappées pour retracer des événements importants, les « conquêtes, les victoires, les guerres, les révolutions, les grandes « découvertes et inventions dans les sciences et les arts; les « naissances, les mariages, les décès des souverains ou des « princes de leur sang; les institutions, les établissements publics

---

(1) M. J. Lefebvre, auteur d'une Numismatique générale. — Abbeville, 1861.

« et tous les événements qui intéressent les nations. » Le mode de gouvernement, les usages des cours, les systèmes de politique intérieure et extérieure des peuples asiatiques ne se prêtent pas à ces manifestations qui, nécessairement, dénotent l'existence d'un souci de l'opinion publique, d'un appel à ses jugements, qui n'existent que médiocrement dans ces monarchies essentiellement théocratiques. Et c'est à cette théocratie justement, aux principes de sa morale abstraite, qu'on a emprunté presque tous les sujets qui ornent les revers des médailles annamites. Dans l'usage, celles-ci n'ont d'analogie qu'avec les décorations de nos ordres de chevalerie moderne ; ce ne sont que des joyaux emblématiques, affectés théoriquement à la glorification de quelque vertu publique ou privée, et cette analogie est rendue plus grande encore par leur mode de distribution. De belles actions, des services rendus au prince ou à l'État, des actes de dévouement au bien public peuvent valoir à leur auteur des distinctions de ce genre, distinctions fort appréciées d'ailleurs ; mais elles sont accordées aussi, et plus souvent peut-être, à des gens riches, qui ont fait don de grosses sommes au trésor impérial et qui briguent l'un des titres honorifiques (Thiên-hộ, Bá-hộ, etc.) qu'elles procurent, ainsi que les immunités qui les accompagnent et qui sont d'autant plus grandes que le vilain a plus desserré les cordons de sa bourse. Dans les grandes fêtes, par exemple, à l'occasion des Thịnh-thọ ou fêtes des saintes longévités, et lorsque, au renouvellement de l'année, les fonctionnaires de la cour viennent offrir à l'empereur leurs souhaits de longue vie (vạn-thọ), il en est fait des distributions ; quelquefois aussi, la cour de Huế en a décerné à des agents des gouvernements étrangers, en mission auprès d'elle ou simplement en rapport avec elle, au personnel de leur suite et même à leurs escortes. C'est ainsi que, lorsque l'amiral Bonnard est allé porter à Huê le traité du 5 juin 1862, ratifié, la cour d'Annam a fait une ample distribution de médailles, dans laquelle personne n'a été oublié, y compris les soldats et marins de l'escorte.

Ces pièces n'ont pas cours dans les transactions commerciales ; l'on peut dire que l'Annamite qui s'est vu honoré d'une telle distinction ne consentira pas plus aisément à s'en défaire, qu'un Français, chevalier de la Légion d'honneur, ne voudra vendre sa croix à un collectionneur étranger.

— 85 —

Tant qu'il ne s'est agi que des monnaies, nous nous sommes borné à constater la nature du métal, les chiffres de règne qui tiennent lieu de millésimes, les poids, les dimensions et les valeurs. Le sujet offert maintenant à nos études est d'un ordre plus élevé, en ce sens que le goût, l'art, l'imagination n'y sont plus aussi étrangers; on reconnaît plus de soin dans le travail, les caractères sont plus purs, et l'on y voit des dessins plus ou moins heureux et bien rendus.

Selon les types des revers, ces médailles sont connues sous des noms génériques; ainsi, celles qui portent l'image du Dragon sont communément désignées sous le nom de *Long-phi* 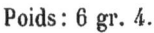, dragon volant.

Nous allons maintenant, comme nous l'avons fait pour les monnaies, passer en revue différents types de médailles, face et revers, en accompagnant chacun d'eux des explications qui peuvent être susceptibles d'en rendre l'examen plus intéressant. Qu'on ne se flatte pas de trouver ici une collection complète, mais seulement des spécimens variés autant que possible et qui suffiront sans doute à faciliter les classements.

OR.

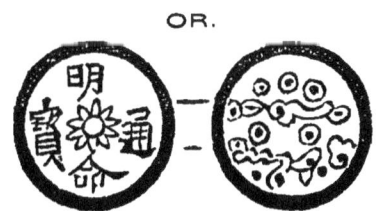

Face. — Au centre, une fleur aux pétales rayonnants; en exergue: *Minh-mạng-thông-bửu*.

Revers. — Le firmament (des astres et des nuées).

Poids: 6 gr. 4.

OR.

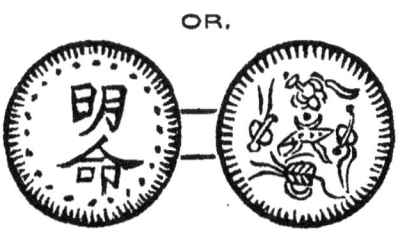

Face. — Les deux caractères *Minh-mạng*, entourés d'un grénetis espacé, avec des traces de rayons au périmètre de la pièce.

Revers. — Cinq attributs rituels : le brasero aux parfums, la spatule qui l'accompagne, le sceptre, le vase ampullaire et l'écran sacerdotal.

Poids : 6 gr. 5.

ARGENT.

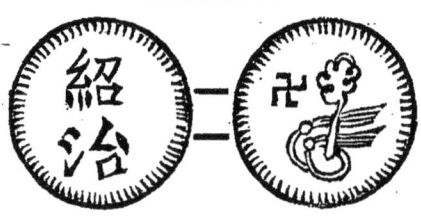

Face. — Les deux caractères *Thiệu-trị*, sur champ uni, bordé par des traces de rayons au périmètre de la pièce.

Revers. — Un sceptre, orné de deux glands ; dans le champ, un caractère qui signifie *dix*, mais qui symbolise l'Éternité. C'est l'emblème de la royauté, uni au signe sacré de la religion antique, pour caractériser, sans doute, les pouvoirs temporels et spirituels concentrés en la personne du souverain. Ce signe religieux, cette croix aux branches coudées en leurs extrémités, est un héritage des temps préhistoriques, dont l'Annamite moderne ne soupçonne pas l'origine et dont il est assez curieux de retrouver le dessin sur une médaille fondue à Huê, il n'y a pas plus d'une quarantaine d'années. C'est le *swastika*, l'*arani* des *Aryas*, le bois fécond d'où s'échappait le pur *agni*, à la prière du prêtre védique et sous l'effort du bâton *pramatha*; ce fut le symbole religieux de nos plus vieux ancêtres ; il a inspiré, aux jours du *Sapta-Sindhou*, les chantres des hymnes du *Rig-Véda* et, chose étrange, on le rencontre, sous une forme à peine modifiée, imprimé sur des disques en terre cuite mêlés aux haches de pierre de *Som-rong-sen*, et qui paraissent semblables à ceux que le docteur Schliemann a découverts sous les ruines de Troie (1).

Le diamètre de cette pièce est de 23 millimètres 5.

---

(1) Voir les *Origines du feu*, cours de M. N. Joly, à la faculté des sciences de Toulouse, dans la *Revue scientifique*, n° 30, 22 janvier 1876.

ARGENT.

Face. — Comme la précédente,

Revers. — Le *Chou-king,* le livre par excellence, précieusement enveloppé et lié. On sait en quel honneur est tenu ce monument de l'antique sagesse chinoise, dû à Confucius et qui échappa, par bonheur, à la destruction ordonnée par Chèhouâng-tý, 213 ans avant J.-C.

ARGENT.

Face. — Comme la fig. 20.

Revers. — Le *yáng* et le *yn* (annam : Dương et Âm), les deux principes, les deux antithèses éternelles : le principe actif, force créatrice, lumière, matière en mouvement, qui régit tout ce qui tient de la nature mâle, du genre noble, et qui est personnifié par le ciel ou le feu ; le principe passif, ombre, matière inerte, qui régit la nature femelle, le genre inférieur, et qui est personnifié par la terre ou l'eau.

Le symbole qui figure au centre de ce revers est formé d'un globe fulgurant, dont la masse est divisée en deux parties distinctes mais intimement unies dans un étroit enroulement. C'est l'emblême du *Tao* 道 de la suprême raison, expliquée par le philosophe Lao-tseu; c'est le principe spirituel, dégagé du principe matériel, dans la masse universelle; c'est la personnification de l'Être suprême innomé, qui a fécondé le chaos de la matière primitive et duquel Lao-tseu a dit :

« Il circulait dans l'espace illimité sans éprouver aucune alté-
« ration. On peut le considérer comme la mère de l'univers; moi,
« j'ignore son nom, mais je le désigne par la dénomination TAO,
« raison universelle suprême. Forcé de lui faire un nom, je le
« désigne par ses attributs, et je le dis *grand, élevé;* étant re-
« connu grand, élevé, je le nomme *s'étendant au loin;* étant
« reconnu étendu au loin, je le nomme *eloigné, infini;* étant
« reconnu éloigné, infini, je le nomme *ce qui est opposé à
moi* » (1).

Le TAO, c'est le *Théos*, le *Deus*, DIEU.

En Annam comme en Chine, on rencontre ce symbole partout : on l'inscrit au centre du Bát-quái, on le peint sur les portes des temples, sur des pièces d'étoffe suspendues au faîte des maisons, sur les barques; c'est un signe heureux et protecteur.

ARGENT.

Même face que dans les trois pièces précédentes.

---

(1) G. Pauthier, op. cit. p. 114.

Revers. — Vase arrondi et à long col *(ampulla, lagena)*, enguirlandé, que l'on retrouve sans cesse dans les compositions des artistes et des poètes.

On le voit pendu au bâton noueux de l'anachorète; tout le monde connaît ce tableau si commun représentant le sage en méditation, et contemplant le fluide qui s'échappe du vase ampullaire, pour donner naissance, dans les espaces éthérés, à une chauve-souris, emblème du bonheur parfait. C'est un autre souvenir inconscient des temps védiques : c'est l'ampoule sacrée qui versait au prêtre le *soma,* breuvage d'immortalité.

L'époux y fait allusion dans l'épitaphe qu'il grave sur la tombe de sa jeune épouse :

« Hélas! l'ampoule d'or est tombée, perdue, dans le puits
« sans fond! La feuille détachée du saule s'est envolée dans
« l'immensité de la forêt!

Cet attribut est le symbole de l'immortalité.

ARGENT.

Face. — Comme les précédentes.

Revers. — Le lotus sacré. On connaît trop le rôle que joue cette fleur dans la théogonie orientale pour que nous y arrêtions le lecteur.

Ces cinq dernières pièces ont, comme il est dit, même face; chacune d'elles pèse de 6 à 7 grammes.

ARGENT.

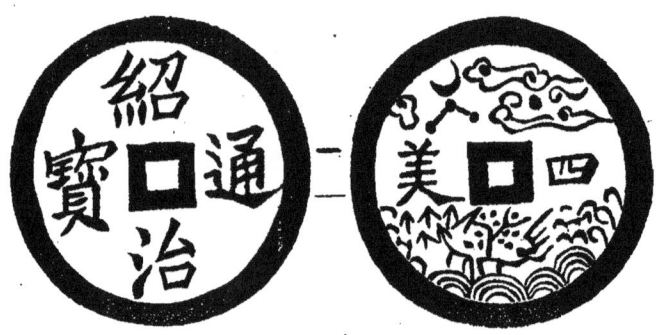

Pièce trouée au centre, du poids de 15 grammes 15. Son diamètre est de 0ᵐ 039 et son épaisseur de 0ᵐ 002.

Face. — Les quatre caractères *Thiệu-trị-thông-bửu*.

Revers. — Le ciel constellé (le soleil entouré de nuages, la lune croissante, un groupe d'étoiles); en bas, la terre couverte d'arbres en fleurs; la mer; les montagnes.

Dans le champ, les deux caractères *tứ-mỹ* (les quatre belles choses) M. Brossard de Corbigny les traduit par les *quatre agréments*, savoir : bonne maison, bon climat, réussite dans les affaires, aucun souci. On nous a donné, de ce revers, une autre explication, qui n'est peut-être pas moins exacte que la précédente; mais l'une et l'autre, sans doute, émanent d'interprètes différents; en tout cas, la nôtre semble se rapporter mieux aux prétentions, à la morale quintessenciée qui appartient aux lettrés, et il en résulte que l'image du revers n'est qu'une allégorie offerte aux méditations du sage.

« Le firmament constellé, les sites montagneux, les forêts aux arbres variés et chargés de fleurs, la mer en courroux sont, dans l'ordre physique, les quatre spectacles les plus beaux qu'il soit donné de contempler; mais il en est quatre aussi, dans l'ordre moral, qui éveillent les mêmes sentiments d'admiration; ce sont : le dévouement désintéressé au bien de ses semblables, l'adversité subie sans murmures, le désir nourri sans avidité ni arrière-pensée inavouable, enfin la prospérité qui n'enfante pas de sentiments d'orgueil. »

Il existe une médaille à peu près identique, au chiffre *Tự-đức*, dont le revers est quelque peu modifié, comme on voit dans le dessin ci-après.

OR.

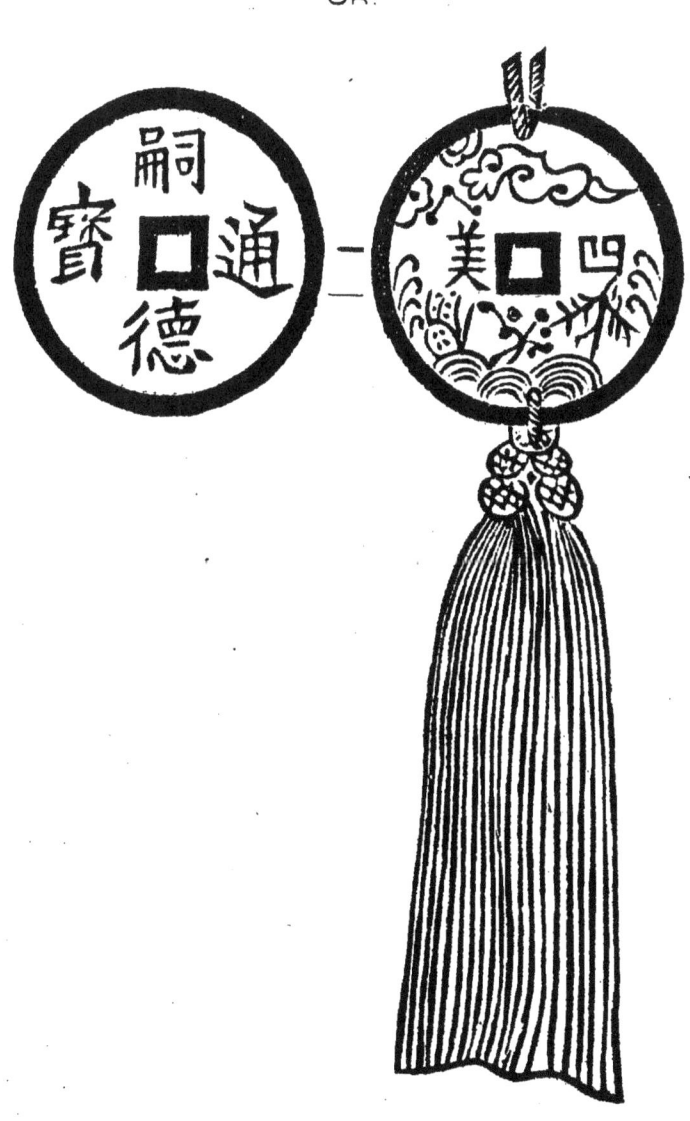

Son poids est de 14 grammes 375, son diamètre de 41 millimètres, mais son épaisseur n'est que de 7/10es de millimètre.

Elle est disposée en décoration et peut être portée suspendue sur la poitrine, par un cordon de soie rouge passé autour du cou; au bord inférieur de cette pièce est attaché un triple gland de soie rouge, bleue et jaune. Celle dont nous donnons le spécimen nous a été obligeamment communiquée par le commandant C......; elle lui fut offerte par l'entremise des hauts mandarins de Hà-nội, alors qu'il commandait le corps de troupe française au Tonkin et gérait le consulat. Une lettre d'envoi l'accompagnait, ainsi conçue :

« Illustre empire d'Annam.

« Le gouverneur général des provinces de Hà-nội et de Ninh-
« bình, du nom de *Trần*, et le gouverneur particulier de Hà-nội,
« du nom de *Nguyễn*, ont reçu de l'autorité supérieure et ont
« mission de transmettre aujourd'hui, un ordre ainsi conçu :

« Une médaille d'or, dite *Tứ-mỹ*, est décernée au noble
« consul. Cette décoration est munie d'un cordon et pèse quatre
« dixièmes de taël.

« Ceci est l'ordre impérial.

« En exécution de la décision de S. M., cette médaille a été
« prise dans le nombre de celles déposées dans le trésor impérial,
« pour être remise au destinataire avec la présente lettre d'avis.

« Adressée au noble consul français, chef de bataillon C......
« à Hà-nội.

« Que le noble fonctionnaire en prenne connaissance.

« La 31e année de Tự-đức, 9e mois, 5e jour. »

Au revers, les sceaux juxtaposés du gouverneur général et du gouverneur particulier.

大南河寧總督陳、河內處撫阮

為咨移事茲接院舶大臣錄叙內壹欵請應

欽奉

加給

貴頒四炁金錢壹枚重肆錢

硃點欽此錄辨等因除遵項金錢另商委遵欽外輒此咨移需祈知照

須至咨移者

右咨移

大富浪沙總兵權河內領事歌

貴職丙照

嗣德叁拾壹年玖月初五日

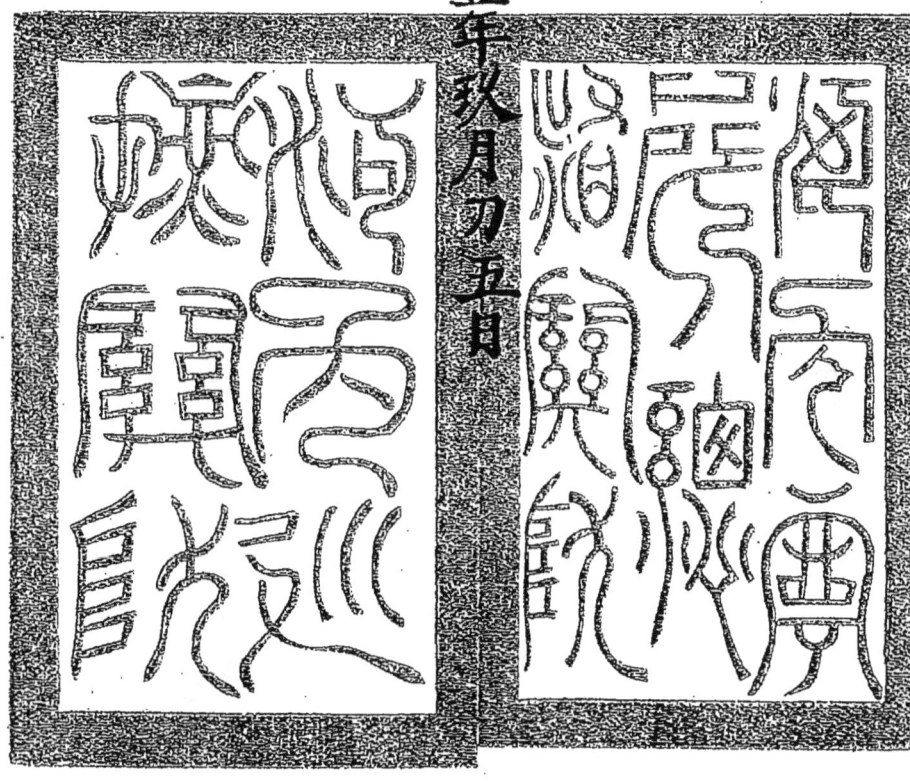

OR.

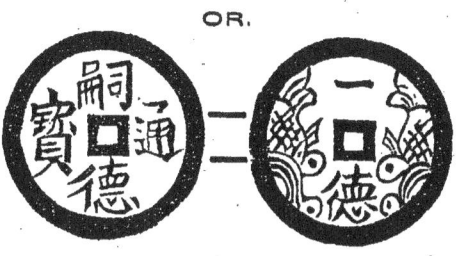

Face. — *Tự-đức-thông-bửu.*

Revers. — *Nhứt-đức* (premièrement, la vertu, l'honneur), maxime que nous rendons exactement en français par le loyal précepte *Fais ce que dois*. A droite et à gauche, deux poissons nageant.

OR.

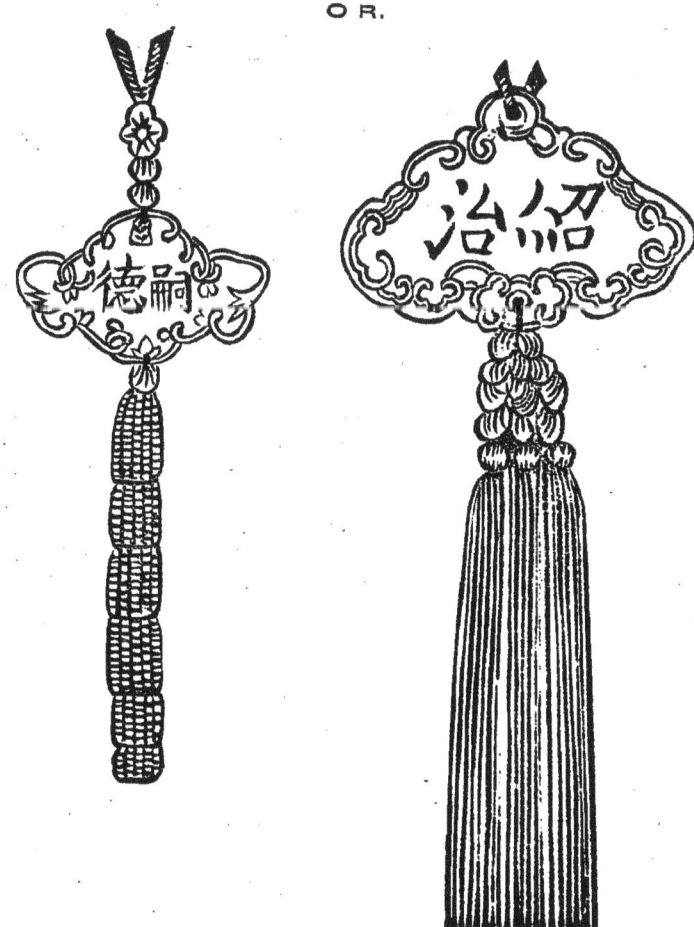

Plaques d'or, minces, suspendues à un cordon de soie rouge à coulants de fils dorés; à la partie inférieure de l'une est attaché un triple gland de soie rouge, jaune et verte.

Poids : 4 gr. 5.

Face. — Le chiffre *Thiệu-trị*, entouré de festons.

Revers. — Les caractères suivants, placés horizontalement.

清 *Thanh* (droit, pur, correct dans toutes ses actions).

慎 *Thận* (diligent, soigneux, attentif dans les affaires publiques).

勤 *Cần* (dévoué, appliqué à son devoir).

Toutes qualités qui s'imposent au fonctionnaire public digne de la confiance du souverain. On voit, autour, les mêmes ornements que sur la face.

Celle marquée au chiffre *Tự-đức*, plus petite et ornée de même, figure dans le *Tour du monde*.

M. Brossard de Corbigny raconte (1) qu'en donnant congé à la mission envoyée de Saigon à Huê, en avril 1875, le gouvernement annamite lui fit remettre, par un mandarin, de ces plaquettes d'or, qualifiées d'*objets très-précieux* et destinées au Président de la République, aux Ministres, etc. Elles étaient disposées de façon à être portées suspendues au cou par un cordonnet, et au-dessous pendaient des glands de perles de verroterie. Sur la face on lisait : *Tự-đức;* et au revers : *Pratiquer la vertu, cultiver la concorde*, ou une sentence analogue, suivant le destinataire.

Au revers d'une de ces plaques, au chiffre *Tự-đức*, nous avons lu les caractères suivants, horizontalement :

樂 *Lạc* (se réjouir).

善 *Thiện* (bon, excellent, sage) qu'on peut traduire par ce dicton français : Une bonne action trouve en elle-même sa récompense.

---

(1) *Huit jours d'ambassade à Huê* ; op. cit.

ARGENT.

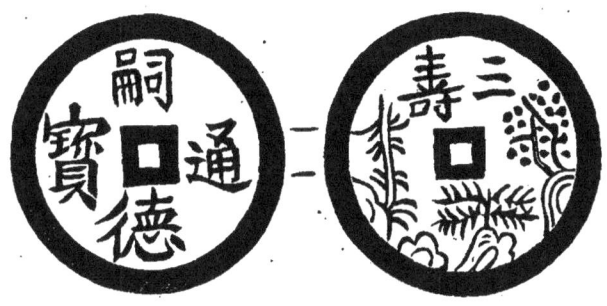

Médaille trouée, du poids de 11 grammes.

Face. — *Tự-đức-thông-bửu.*

Revers. — *Tam-thọ*, les trois longévités, qui sont les trois étapes fêtées tout particulièrement dans la vieillesse. Chacune d'elles a son emblême reproduit au revers de la pièce :

1º Le *Cây-mai (rheedia)*, bel arbre fort rare, dont les fleurs, très-recherchées, se mêlent au thé. Il symbolise la suprême longévité *(thượng-thọ)* = 100 ans.

2º Le pin, emblême de la moyenne longévité *(trung-thọ)* = 80 ans.

3º Le bambou, consacré à la longévité inférieure *(hạ-thọ)* = 70 ans.

Dans l'ouvrage de M. Brossard de Corbigny, l'allégorie est expliquée ainsi : « Les trois longues-vies (pour toi-même, tes « enfants et ta réputation). »

OR.

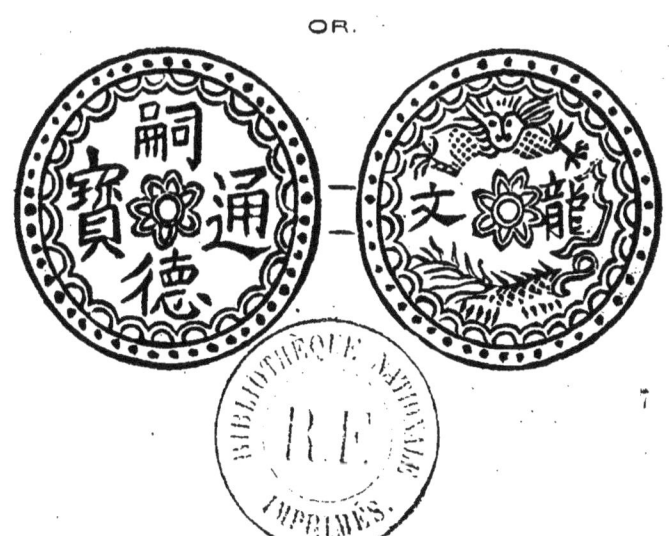

Médaille pleine, pesant 24 gr. et épaisse de 0m 0015. Elle est munie d'un cordon de soie rouge, qui permet de la porter suspendue au cou, et d'un gland de 0m 10 de longueur, formé de petites perles de verroterie bleues, rouges et blanches. Comme dans toutes les médailles, et généralement dans tous les objets d'orfèvrerie annamite, l'or en est très-pur et revêtu de la teinte chaude, d'un beau jaune-rouge, particulière aux bijoux indo-chinois. Sur la tranche sont imprimées des rayures comme dans nos pièces françaises.

Face. — Au centre, le *lotus* aux pétales rayonnants, et les caractères *Tự-đức-thông-bửu;* au périmètre, un grénetis bordé de festons.

Revers. — Même *lotus* aux pétales rayonnants, et le dragon héraldique, aux cinq griffes, des armoiries impériales, entouré de nuées et d'éclairs. Dans le champ, les deux caractères *long-vân* (le dragon sublime).

On trouve dans l'*Encyclopédie monétaire*, d'Alphonse Bonneville (Paris, 1849) déjà citée, une médaille d'or au chiffre *Minh-mạng*, ayant même revers mais ne pesant que 12 grammes, avec un diamètre de 0m 0305 seulement.

Il en existe également en argent, aux mêmes face et revers.

ARGENT.

Médaille trouée, du poids de 19 grammes et de 0m 0045 d'épaisseur.

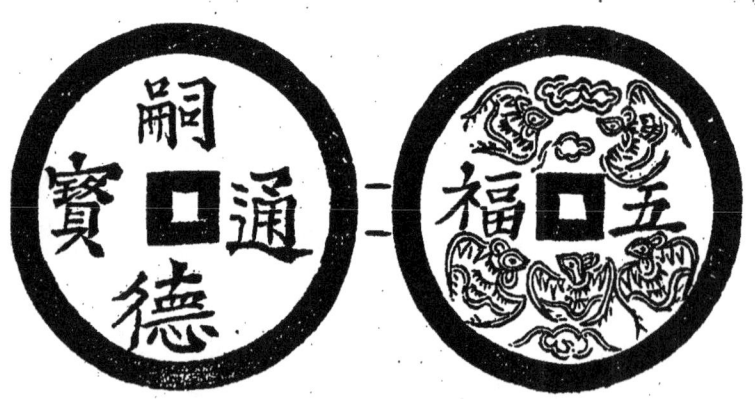

Face. — Tự-đức-thông-bửu.

Revers. — Cinq chauves-souris (2 et 3) volant dans le ciel. Dans le champ, les caractères *ngũ-phước* (les cinq félicités).

La chauve-souris est prise pour l'emblème du bonheur, à cause de l'identité des caractères chinois servant aux deux vocables.

Les cinq félicités sont, d'après le *Chou-king,* chapitre intitulé *Le Grand modèle :*

Longue vie;
Abondance de biens;
Illustration, dignités;
Longue postérité;
Paix inaltérable.

Elles sont opposées aux cinq calamités, savoir :

Vie courte;
Pauvreté;
Afflictions;
Maladies;
Oppression.

On trouve dans *Huit jours d'ambassade à Huế,* cette définition des cinq félicités : richesse, célébrité, tranquillité, force, longue vie.

Elle ne diffère, on peut dire, de la précédente que par un terme *force,* substitué à *longue postérité;* étant donnée l'importance attachée à la perpétuité du culte du foyer domestique, nous penchons plutôt vers le terme donné par nous.

ARGENT.

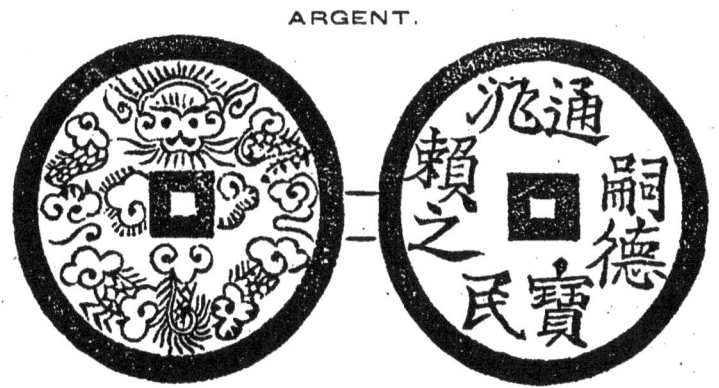

Médaille trouée, épaisse de 0^m 001 et pesant 9 gr. 5.

Face. — A gauche, les caractères *Tự-đức-thông-bửu*, à droite, *Triệu-đân-lại-chi*.

Ces quatre derniers renferment une bénédiction, un vœu formé par l'empereur sur tout le peuple. (*Triệu*, du chinois *tcháo*, félicité ; *đân*, peuple ; *lại*, du chinois *láy*, gagner ; *chi*, particule, indice du génitif).. On en trouve, dans le *Tour du monde*, la traduction suivante : *Souvenir d'un million d'habitants.*

Revers. — Le dragon impérial, au milieu des nuées et des éclairs.

Nous connaissons un module différent du même genre de pièce, qui mesure 0^m 045 de diamètre et 0^m 0015 d'épaisseur, avec un poids de 18 gr. 9. Les dessin et inscription en sont identiques.

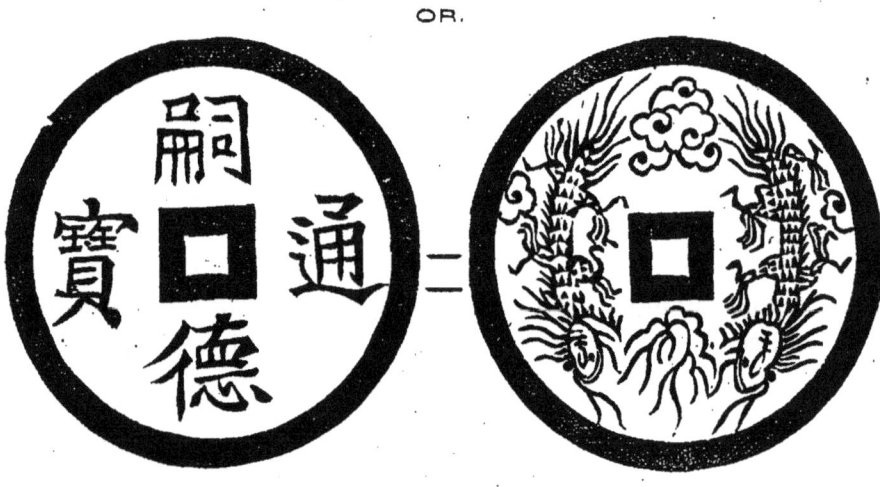

OR.

Médaille trouée, du poids de 26 gr. 95. Épaisseur, 0^m 0015.

Face. — *Tự-đức-thông-bửu.*

Revers. — Deux dragons. En haut, le soleil ; en bas, des nuages.

Il existe une division de cette pièce ayant mêmes dessin et inscription, mais d'un module plus petit et ne pesant que 13 gr. 38. Nous connaissons aussi des pièces d'argent aux chiffres *Thiệu-tri* et *Tự-đức*, qui ont même revers. Elles sont de deux

— 101 —

modules : celles du plus grand mesurent de 52 à 54 millimètres de diamètre et pèsent de 28 à 29 grammes ; les petites ont 42 millimètres de diamètre et pèsent de 13 à 14 grammes.

M. Brossard de Corbigny a donné, dans le *Tour du monde*, le dessin de cette médaille, 2e grandeur ; il l'appelle : La rencontre des deux dragons.

ARGENT.

Grande pièce, trouée, mince, pesant 38 gr. 50.

Face. — En haut, le firmament (le soleil, la lune, un groupe d'étoiles et des nuées) ; au bas, la terre parée de fleurs, et la mer. Dans le champ, et à gauche, les caractères *Tự-đức-thông bửu* ; à droite, *vạn thế vĩnh lại* (cette distinction remonte jusqu'à 10,000 générations, pour les honorer à perpétuité).

On sait qu'en Chine, et conséquemment en Annam, la noblesse n'est point héréditaire, mais au contraire, par un sentiment de piété filiale, remonte aux ascendants, même jusqu'aux plus anciennes générations.

Revers. — Une longue inscription alambiquée, ainsi conçue :

« *Khuyết đãnh thiên niên hóa đũng lục vạn thế truyền thù*
« *huân chương hữu đức sở bửu giã duy hiền.* »

— 102 —

Voici la traduction qui en est donnée au bas du dessin reproduit dans le *Tour du monde* : « La matière, au bout de mille « ans, se transforme en or dont on fait les médailles pour trans- « mettre à dix mille générations le souvenir des vertus ; mais « il n'y a de précieux que la sagesse. »

Des pièces du même genre, à dessins et inscriptions identiques ne présentent qu'un diamètre de 45 millimètres et un poids de 19 grammes.

ARGENT.

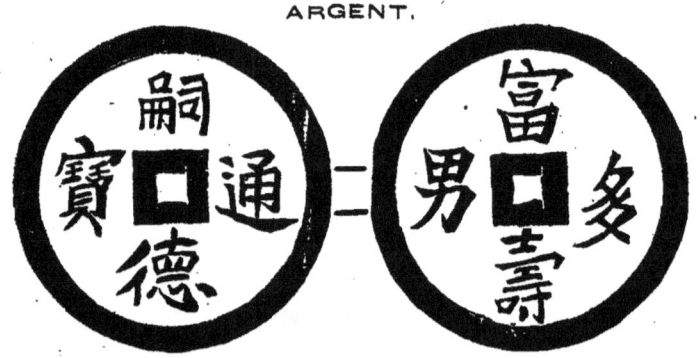

Médaille trouée de 48 millimètres de diamètre, de 0ᵐ 0015 d'épaisseur et pesant 17 gr. 10.

Il en existe de plus petite largeur (40 millimètres), de même épaisseur, et qui ne pèsent que 10 gr. 95, ainsi que des pièces d'or des deux modules.

Face. — Tự-đức-thông-bửu.

Revers. — Les caractères *phú thọ đa nam* (richesse, longue vie et longue postérité).

ARGENT.

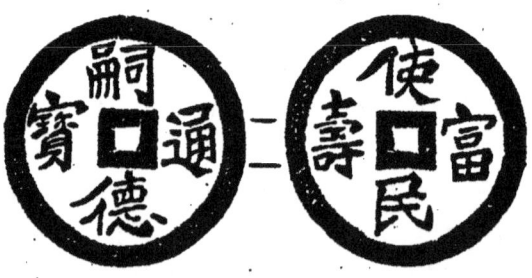

Pièces trouées, qu'on trouve assez communément, soit en or, soit en argent, et de deux modules. Les plus grandes, du genre de celle ci-dessus, mesurent 31 millimètres de diamètre et pèsent 15 gr. 5; les petites ont de 19 à 22 millimètres de largeur, et pèsent environ de 6 à 7 grammes.

Face. — *Tự-đức-thông-bửu.*

Revers. — *Sử dân phú thọ* (richesse et longue vie au peuple!) C'est une sorte de bénédiction impériale, *urbi et orbi,* un souhait de prospérité publique.

ARGENT.

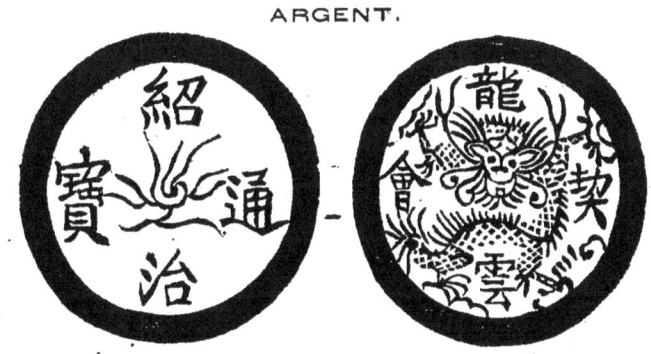

Médaille pleine, mince.

Face. — Au centre, le soleil brillant; en exergue : *Thiệu-tri-thông-bửu.*

Revers. — Le dragon, entouré des quatre caractères *lóng vân khể hội.*

C'est la pièce désignée par M. Brossard de Corbigny sous l'épithète *Rencontre du dragon et des nuages* (source du bien).

ARGENT.

— 104 —

Médaille trouée, dont on peut voir le dessin dans le *Tour du monde*.

Face. — *Tự-đức-thông-bửu.*

Revers. — La même croix aux branches coudées, mais deux fois répétée, ainsi que le sceptre dont il a été parlé longuement plus haut (fig. 20).

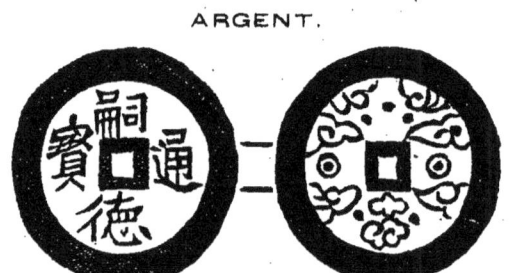

Reproduction trouée, mais en argent, de la pièce pleine, en or, décrite ci-dessus (fig. 18).

Médaille trouée, fort mince, comme elles le sont toutes.

Face. — *Tự-đức-thông-bửu.*

Revers. — A gauche, le soleil; à droite, la lune; en légende, les caractères *nhi thắng* (les deux succès, les deux victoires).

ARGENT.

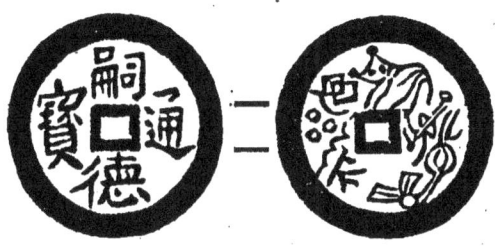

Face. — *Tự-đức-thông-bửu.*
Revers. — Divers attributs, à déterminer.

ARGENT.

Plaque très-mince d'argent battu, pourvue d'un anneau de même métal, et sans revers. Elle porte, inscrits dans le champ, en caractères repoussés et dont les traits sont gravés au burin, les mots *thưởng công* (récompense au mérite).

On nous a donné cette pièce comme médaille honorifique d'ordre inférieur et réservée aux chefs des derniers rangs de l'armée et aux soldats.

Pour qu'elle fût complète, cette énumération des médailles de l'Annam comporterait encore un nombre probablement considérable de types variés; ceux que nous offrons ici ne peuvent donc être considérés, en quelque sorte, que comme des spécimens.

Parmi les pièces que l'on ne trouve pas décrites dans les présentes *Notes,* bien qu'elles soient connues, nous citerons :

1º La médaille *des trois abondances,* en argent et au chiffre *Tự-đức*. Au revers, se voient les caractères 多三 *tam đa,* les trois abondances. On entend : l'abondance de jours (longue vie), l'abondance de biens et l'abondance de fils (une longue postérité). On voit aussi des attributs, tels qu'un brasero à parfums, qui symbolise le culte domestique et, conséquemment, la longue postérité, un arbre d'une espèce assez difficile à déterminer et qui représente sans doute un emblème de la longévité, et un troisième, attribut d'une forme assez vague, qui symboliserait peut-être la richesse.

2º Une pièce de cuivre jaune, au chiffre *Minh-mạng,* ronde, portant au revers les caractères 金玉其祥追琢其章 *kim ngọc kỳ tường truy trác kỳ chương.* « Le métal, « comme toute chose précieuse, ne brille de son éclat qu'à l'aide « du travail du joaillier, » figure exprimant que les plus belles qualités, sans l'éducation, ne sont qu'imparfaites et grossières. Son diamètre est de 51 millimètres.

3º Une autre pièce de cuivre, au chiffre *Tự-đức,* qui porte au revers les caractères 賞功 *thưởng công* (récompense au mérite). D'un diamètre de 51 à 65 millimètres et pesant environ 11 grammes, les médailles de ce genre sont probablement affectées au même objet, mais à un degré inférieur, que celle décrite plus haut (fig. 42).

Ces trois dernières pièces sont indiquées dans le catalogue d'Adolph Weyl, de Berlin.

COCHINCHINE FRANÇAISE.

L'histoire métallique de la Cochinchine française devrait, semble-t-il, pouvoir s'écrire en une page. Vingt-quatre ans à peine nous séparent du jour où une poignée de soldats et de marins, français et espagnols alliés, renversèrent les obstacles accumulés entre la baie de Ganh-ray et la ville de Saigon. Pénétrant de vive force jusqu'au cœur du boulevard de l'Annam méridional, ils en enlevaient d'assaut la citadelle, dispersaient l'armée annamite et, satisfaits des résultats brillants ainsi obtenus, dans un fait d'armes qui n'était considéré alors que comme un moyen de désorganiser la résistance qui nous était opposée sur la route de Huê, ils retournaient peu après aux lignes de Touranne, après avoir établi une petite garnison au fort du Sud. Les métaux s'échangeaient alors, plomb ou fer, sous des formes rondes ou ogivales, et la numismatique est étrangère à ce belliqueux monnayage.

A cette époque et jusqu'en 1863, on fut réduit à user d'expédients, dans les transactions avec les quelques indigènes assez hardis pour céder leurs volailles ou leurs fruits aux envahisseurs. Il fallut bien d'abord se servir de la sapèque de zinc, seule monnaie courante en Basse-Cochinchine; mais, en retour, l'Annamite du menu peuple apprit bientôt à connaître et apprécia la piastre mexicaine qui lui était offerte.

Beaucoup d'entre eux n'avaient, jusqu'alors, vu la précieuse pièce que dans leurs rêves : vivant de peu, accoutumés à des salaires minimes, ils ne se souciaient point, d'ailleurs, d'acquérir ostensiblement des richesses, à cause des dangers qu'elles attiraient sur leur imprudent possesseur de la part des brigands qui se rencontraient partout, au prétoire des mandarins aussi bien que sur l'arroyo ou en rase campagne. Il semble, du reste, qu'il soit entré de tout temps, dans la politique gouvernementale annamite, de fermer aux sujets le chemin de la fortune : prohibitions commerciales, douanes intérieures multipliées, défense d'exploiter les mines, barrières infranchissables aux frontières, rien n'a été négligé pour isoler la nation et maintenir le peuple dans une médiocrité qui a eu, nécessairement, pour effet constant d'étouffer dans son germe toute idée de progrès.

Ce n'est pas que les piastres ne fussent pourtant très-connues ; les commerçants chinois en avaient introduit l'usage et les bâtiments européens qui avaient fréquenté naguère le port de Saigon et le grand-fleuve du Cambodge, y en avaient laissé bon nombre. Mais elles demeuraient cachées, enterrées, encore mieux peut-être que les lingots d'argent, si bien que, de temps en temps aujourd'hui encore, tantôt sur un point, tantôt sur un autre, on découvre des cachettes qui recèlent quelques rouleaux de ces belles vieilles piastres d'Espagne, à colonnes et datant du milieu du XVIIIe siècle, ou des dollars de la compagnie hollandaise des Indes orientales.

Il y a, certainement, dans la question monétaire telle qu'elle s'est présentée durant ces vingt-quatre années passées, matière à un chapitre de notre histoire coloniale, et non des moins intéressants, qu'une plume autorisée voudra écrire un jour. En attendant, et pour fixer des souvenirs qui s'oublient à mesure que les travailleurs de la première heure disparaissent les uns après les autres, nous allons résumer ici des notes et documents qui pourront y être utilisés.

Après la prise des lignes de Chí-hòa et l'occupation du territoire compris entre la rivière de Saigon et le Vaïco oriental, depuis Tây-ninh jusqu'à la mer, la sécurité renaissant pour le grand marché de Cholon, le commerce prit un essor inconnu jusqu'alors ; l'occupation qui suivit, des pays situés sur la rive gauche du Cambodge, étendit le cercle des affaires, et la nécessité impérieuse se fit alors sentir d'établir un régime financier quelconque, au moins provisoire.

Le contre-amiral Bonnard, commandant en chef, se vit forcé, dès l'année 1862, de réagir par une décision en date du 10 avril, contre certaines habitudes introduites principalement par les compradors (factotums chinois des maisons de commerce) dans le choix des piastres mexicaines, unique monnaie d'argent admise partout. En raison des quantités énormes de pièces fausses introduites par ces bandes de rapaces qui marchent à la suite des armées et qui, d'ailleurs, surgissent instantanément dans toutes les situations troublées, les compradors en étaient arrivés à ne plus accepter en paiement que les piastres marquées au coin de leur maison : il résultait de cette pratique une gêne excessive pour le commerce, pour le trésor public, pour tout le monde, et l'importation du numéraire en ressentait une sérieuse atteinte. Pour obvier à cet état de choses, il fut établi que les piastres mexicaines de bon aloi, marquées ou non marquées par les compradors mais ayant le titre légal, auraient cours forcé indistinctement dans toute l'étendue de la Cochinchine soumise à l'autorité de la France. Elles durent, dorénavant, être reçues ou livrées à volonté, soit au nombre, soit au poids, à raison de 717 millièmes du taël de Canton, équivalant alors à 26 gr. 94 par piastre, suivant le mode en usage sur les marchés de Hong-kong et de Canton.

Un autre inconvénient, des plus graves aussi, consistait dans l'absence totale de monnaies divisionnaires autres que l'incommode sapèque de zinc : il fallait un fourgon du train d'artillerie pour aller échanger 1,000 francs en ligatures de sapèques, puisque l'on n'en avait pas moins du poids d'un tonneau et demi..., et au marché le poulet pesait quelquefois moins que son prix en monnaie.

Lycurgue fut seul à défendre, jadis, un pareil système monétaire ; chacun le combattit à Saigon, et d'un accord unanime, on imagina de couper la piastre par moitiés, quarts et huitièmes, et ces fragments furent appelés communément *roupie, schelling* et *demi-schelling* ou *clou*. Incommode à manier, cette primitive monnaie divisionnaire eût pu cependant racheter ce défaut par les services évidents qu'elle devait rendre à tous ; mais il surgit aussitôt un réel antagonisme entre vendeurs et acheteurs : les premiers n'eurent plus de prix inférieurs au *demi-schelling*, et alors les autres se rattrapèrent en trouvant le moyen de diviser l'entier en cinq quarts ou en dix huitièmes.

Quand cet assaut d'indélicatesses en vint à mener trop grand bruit aux guichets des caisses de l'État, quand surtout l'on s'aperçut que le sens public faussé, démoralisé, en arrivait à considérer ces fraudes comme la chose la plus simple du monde, comme une espèce de système de compensation, il fallut bien y porter remède et une décision du commandant en chef, datée du 5 mars 1863, mit à la disposition du commerce des pièces françaises de 2 francs, de 1 franc, de 50 centimes, de 10 centimes et de 5 centimes, au taux de 5 fr. 37 cent. la piastre. Tout en laissant la liberté la plus complète dans les transactions pour les monnaies diverses ayant des valeurs conventionnelles variables dans le commerce, on décida que le trésor ne recevrait plus les piastres coupées qu'au poids de 27 grammes par piastre, et cela durant un mois seulement; ce délai expiré, les appoints dans les paiements à faire à l'État durent être composés en monnaies françaises.

Bonne en soi, cette mesure ouvrit la porte à un nouvel abus : on vit alors s'introduire les pièces les plus démonétisées, qui trouvèrent auprès d'un public peu renseigné et peu regardant, les taux les plus exagérés, si bien que toute monnaie qui, par l'aspect et les dimensions, offrait quelque rapport avec le numéraire français, *zwanzigs* autrichiens apportés d'Égypte, pièces du pape, pièces suisses, etc., en vint à bénéficier du cours légal.

Mais, pendant ce temps-là, les piastres de bon aloi se faisaient de plus en plus rares, l'approvisionnement du trésor ne s'effectuait plus que difficilement et à des prix élevés, et l'on en découvrait une des causes principales dans ce fait que presque tous ceux qui voulaient faire passer en France le fruit de leurs économies se voyaient réduits à expédier leurs piastres à Singapore pour obtenir des traites des banques anglaises. Un vapeur nolisé par le gouvernement, le *Granada,* pour assurer un service postal à peu près régulier, se chargeait de ces opérations, à titre purement officieux, et ce mode de procéder était la conséquence des exigences de la trésorerie locale, qui prétendait ne délivrer que contre un minimum de 1,000 piastres ses traites à un mois de vue sur le caissier central du trésor public, à Paris.

Le contre-amiral de la Grandière, gouverneur *p. i.* depuis le 1er mai 1863, décida, le 20 mai, que le minimum des versements acceptés au trésor serait abaissé à 1,000 francs; mais, conformément aux usages adoptés, le taux des piastres mexicaines *non marquées* fut fixé à 10 centimes (pour les versements) au-dessous du dernier cours du *clean dollar* sur les places de Singapore et de Hong-kong.

Le même commandant en chef eut à prendre aussi des dispositions relativement au pair de la ligature de sapèques que l'on voyait, selon le plus ou moins d'abondance, soumise, comme la piastre, à des fluctuations continuelles mais plus gênantes encore. Le trésor avait bien admis un taux uniforme de cinq ligatures par piastre, mais ce taux évidemment exagéré donnait, en ce cas, à la ligature, une valeur de 1 fr. 074 qu'elle n'avait jamais dans les cours privés. Il fut donc arrêté qu'à partir du 1er juillet 1863 cette espèce de monnaie entrerait dans les caisses publiques ou en sortirait au taux invariable de 1 franc. Par cette disposition, faisait observer avec raison le commandant en chef, on se rapprochait davantage du pair exact et l'on simplifiait les comptes. Dans la pratique du reste, la population annamite de Saigon et des environs s'était d'elle-même habituée à considérer le franc comme valeur correspondant à la ligature, et l'on divisait celle-ci en fractions décimales correspondant parfaitement aussi à nos monnaies fractionnaires de 50, 10 et 5 centimes.

C'est à la même époque qu'on dut mettre fin, également, à l'agiotage imaginé aussitôt qu'un arrêté du 10 avril 1862 avait donné cours forcé aux piastres marquées, au même titre qu'à celles non marquées.

Ces dernières ayant toujours, dans les pays où cette monnaie avait cours, une valeur supérieure aux autres qui, par les poinçons commerciaux qui les couvraient, avaient perdu en partie leur forme et quelque peu même de leur poids, des spéculateurs drainaient à Saigon les *clean dollars* et les échangeaient à profit, à Hong-kong, contre des *chop dollars* qu'ils rapportaient chez nous où ils s'écoulaient au pair. C'est pourquoi le commandant en chef se vit forcé de prononcer la suspension du droit d'importation de ces pièces avilies : à partir du 15 juillet 1863, toutes celles saisies à l'entrée durent être réexportées et les expéditeurs ou à défaut les destinataires, encoururent une amende de 15 p. 100 des sommes ainsi saisies. Le stock qu'en possédait déjà la colonie n'en conserva cependant pas moins son droit de circulation intérieure, du moins jusqu'au jour où le gouvernement se trouverait en mesure d'en opérer le retrait.

Le Trésor était, en effet, si peu en mesure de remplacer tous les *chop dollars,* qu'il fallut, par une décision du 23 octobre, suspendre jusqu'au 10 novembre suivant l'arrêté de prescription prononcé contre eux, d'autant mieux qu'une dépêche ministérielle, promulguée le 27 août, avait élevé de 5 fr. 37 cent. à 5 fr. 55 cent. le taux de la piastre.

Ces troubles monétaires n'étaient certes pas les seuls qui gênassent la vie commerciale, administrative et même privée, dans la colonie naissante; de toutes parts se dressaient des obstacles, chaque jour voyait surgir un problème à résoudre, et, en dépit du sang froid, de la puissante intelligence du fondateur de la Cochinchine française, le trop oublié M. de la Grandière, toute mesure prise présentait immédiatement une fissure par laquelle se glissait la fraude. Il n'est certes pas sans intérêt de suivre ainsi, pas à pas, les débuts de la jeune colonie se débattant au milieu d'une situation monétaire des plus lamentables et en butte à l'exploitation la plus éhontée de la part de tout un monde d'aventuriers quêtant les profits *per fas et nefas*.

On eut aussi à régulariser divers modes de perception des impôts. Ainsi, dans certains cas, les contributions annamites pouvaient être acquittées en matières d'or et d'argent, feuilles ou lingots. La négociation n'en pouvait naturellement pas toujours être effectuée immédiatement et sans préjudice pour le trésor local; aussi, comme elles devaient pourtant, pour la régularité des comptes, être passées en écritures et encaissées au jour même de leur réception, il convenait de déterminer un titre conventionnel devant servir de base au calcul à faire pour en fixer la valeur. Une commission nommée *ad hoc* décida qu'elles seraient reçues selon leur poids et au titre conventionnel de 900 millièmes, donnant :

Au kilogramme d'or, une valeur de.................. 3,127f 67
Au kilogramme d'argent, une valeur de.............. 200 00

Jusqu'à ce moment, on avait compris, dans le nombre de ces objets précieux et considéré comme non-monnayées, celles des pièces françaises dont le cours n'avait pas été autorisé en Cochinchine, c'est-à-dire les pièces d'argent de 5 francs et toutes les monnaies d'or; conséquemment, celles qui étaient trouvées à l'ouverture des successions civiles ou militaires ne pouvaient être comptées à l'actif de celles-ci qu'à titre d'objets précieux et n'étaient versées au Trésor que pour en garantir la conservation. C'était il faut l'avouer, une situation bien étrange, ainsi faite à quelques milliers de nationaux et en pays français, et qui ne pouvait que causer un discrédit à nos pièces, quand théoriquement il était admis, au contraire, que leur cours devait être facilité dans l'intérêt de tous.

Il fut donc décidé, par un arrêté du 10 septembre 1863, que toutes les monnaies ayant cours légal en France, seraient reçues au Trésor..... quand elles appartiendraient à des successions. Ce ne fut que provisoirement et à titre d'essai, que la trésorerie et le service de la poste purent les recevoir, mais seulement « en « acquittement de droits formulés en francs, en paiement de « timbres-poste ou pour transmission de fonds. » Par contre, ils furent autorisés à les écouler au pair lorsqu'elles leur seraient demandées.

C'était là une mesure bien incomplète encore et qui surprend d'autant mieux que quelques jours plus tard, le 28 septembre, il était décidé qu'un étalon du mètre, en métal, serait envoyé à chaque inspecteur des affaires indigènes pour être mis à la disposition du public, dans l'intention de faire connaître aux populations asiatiques nos mesures, et d'arriver à l'unité de système. Cette décision, basée sur le désir de faciliter à tous les habitants de la colonie les transactions commerciales, mais qui n'a malheureusement pas donné encore les fruits que l'on en attendait, n'eût-elle pas dû entraîner naturellement des dispositions monétaires analogues? Celles-ci, du reste, ne tardèrent pas à s'imposer d'elles-mêmes : les pièces de 5 francs en argent se faisaient moins rares ; l'approvisionnement en piastres devenait plus difficile, au point que le trésor trouvait économie à accepter, au taux de 6 fr. 20 cent. et même 6 fr. 25 cent., les piastres que versaient les particuliers ou les fonctionnaires en échange de traites, plutôt que de fréter un vapeur pour les aller acheter sur les marchés voisins ; les ordres de Paris tendaient à l'adoption des monnaies nationales dans la colonie ; enfin les caisses locales possédaient, dans cette forme, une encaisse suffisante pour faire face aux besoins actuels. En conséquence, il fut arrêté, le 14 janvier 1864, qu'à l'usage des pièces déjà admises se joindrait celui de la pièce de 5 francs, dont le taux fut fixé à 90/100 de la piastre, et le rapport des monnaies françaises à la ligature fut ainsi déterminé : le franc équivalait à une ligature, le décime à un *tiên* de 60 *sapèques,* et la pièce de 5 centimes à 30 *sapèques*. On sait qu'on avait déjà fixé le cours légal des pièces de 2 francs et de 50 centimes.

Une grande détente dans la situation monétaire suivit l'adoption du nouveau système ; l'on vit progressivement descendre le taux courant de 6 fr. 25 cent. à 5 fr. 55 cent. Le 1er décembre 1876, il fut encore abaissé à 5 fr. 35 cent. et, depuis le 1er janvier 1882, nous le voyons à 4 fr. 68 cent., 5 francs ou 5 fr. 35 cent., selon le cas, et les trois taux sont appliqués concurremment dans un même exercice.

Nous prions le lecteur d'observer que nous ne jugeons aucunement les faits ; nous nous bornons à les enregistrer sans en tirer aucunes conclusions ni prétendre exposer aucun système. Il peut paraître utile de grouper ainsi les principaux incidents de l'histoire métallique de la Cochinchine française, pour le plus grand profit des personnes plus capables d'en étudier les causes et les effets, mais il ferait beau entendre un modeste chercheur de vieilles *sapèques* rendre des oracles, quand les plus compétents gardent une prudente réserve.....

Pendant que la piastre mexicaine traversait ces fluctuations, le Gouvernement colonial avait encore à exercer sa vigilance sur d'autres valeurs monétaires, dont les fortunes n'étaient pas moins diverses. Des plaintes nombreuses étaient adressées au Gouverneur à l'occasion de la circulation des ligatures incomplètes, dont l'usage devenait à peu près général. Un arrêté local régla qu'à partir du 15 août 1864 les agents de l'autorité saisiraient toutes les ligatures incomplètes, c'est-à-dire mesurant moins de 0m 37 de longueur environ, et dresseraient des procès-verbaux contre les gens qui les auraient en leur possession. Suivant l'importance de la fraude constatée, le chef de l'office de police, à Saigon, et les inspecteurs des affaires indigènes, dans les autres localités, durent prononcer la confiscation des ligatures saisies et des amendes proportionnées au délit.

D'autre part, un véritable encombrement se produisait, à certaines époques, dans les magasins à sapèques du Trésor, en même temps que de sérieuses pertes résultaient des transports de cette pitoyable monnaie, ainsi que des grandes variations qu'en subissait le change suivant les besoins du commerce. Il fallut autoriser le trésorier payeur à opérer le change de l'encombrement, en profitant des moments où le cours se trouvait au moins équivalent au taux légal adopté dans la colonie.

En 1868, le stock en devenant toujours plus considérable et l'écoulement plus difficile, l'amiral Ohier, alors gouverneur, essaya d'un expédient : un arrêté du 14 août prescrivit aux divers services qui employaient à Saigon des ouvriers annamites, de prendre des ligatures dans la proportion du 1/4 des sommes à distribuer pour les salaires. L'expédient ne produisant pas des effets suffisants, il fallut condamner la *sapèque,* au moins comme monnaie légale, et le 31 décembre 1868 il fut décidé et promulgué que les impôts ne seraient désormais payés qu'en piastres, le Gouverneur se réservant le droit d'autoriser, dans certains cas, mais à titre essentiellement exceptionnel, des versements en *sapèques*. C'est en vertu de cette réserve et sous la pression d'une absolue nécessité que, sur la demande des administrateurs des arrondissements intéressés, Biên-hoà fut autorisé à payer, en 1869, 1/3 de ses impôts en ligatures, Vinhlong 2/3, Mô-cây 3/4 et Sadec 2/3.

Depuis cette époque, la *sapèque* de zinc n'est plus admise dans les caisses publiques et n'a cours que dans les transactions de minime importance, entre Asiatiques surtout ; d'un autre côté, les livres du port de commerce ont à enregistrer, à ce titre, des exportations généralement supérieures aux importations. Il n'a pas été possible de remonter, dans nos recherches, au-delà de l'année 1873 ; nous n'avons pu relever que les chiffres suivants :

1873	Importations	316,510	Exportations	351,443
1874	—	187,883	—	601,444
1875	—	176,593	—	112,773
1876	—	164,810	—	242,840
1877	—	189,890	—	591,887
1878	—	128,070	—	752,662
1879	—	1,243,310	—	408,432
1880	—	1,358,181	—	1,282,785
1881	—	142,791	—	305,042

Dans ces quantités sont comprises les *sapèques* en cuivre, mais la part qui revient aux pièces annamites ou chinoises de cette nature est de peu d'importance, et l'on en doit déduire aussi les *sapèques* de fabrication française introduites dans la colonie à partir de 1879, dont nous aurons à parler plus loin et dont la valeur n'est pas supérieure à 200,000 ligatures environ.

Les matières d'or et d'argent avaient également cessé, en 1868, d'être acceptées au trésor sous forme de lingots ou de feuilles et à titre de contributions et revenus locaux. N'offrant aucune garantie quant à leur valeur intrinsèque, elles constituaient un réel danger et, du reste, la faculté qui avait été accordée jusqu'alors aux indigènes d'en faire usage pour l'acquittement des impôts, empruntée aux habitudes du fisc annamite, n'avait été employée que très-rarement et ne répondait véritablement pas à un besoin certain. Le numéraire ne faisait plus défaut et les piastres abondaient, de bon aloi ou fausses, il est vrai, car ces dernières n'ont pas cessé, depuis vingt ans, de trouver un large écoulement dans la colonie, en dépit de l'arrêté du 29 novembre 1867 qui, pourtant, prescrit aux receveurs, percepteurs, payeurs et préposés de cisailler et de déformer, de manière qu'il ne puisse en être fait usage, les pièces fausses qui leur sont présentées quelle qu'en soit l'origine. La surveillance étroite exercée sur les navires de commerce et les jonques à l'arrivée dans nos ports, les avertissements publiés par nos consuls à Hong-kong, Canton et Singapore n'ont pas arrêté cette coupable industrie, qui se trouve singulièrement facilitée, d'ailleurs, par l'imperfection même de la frappe des piastres de bon aloi.

D'autre part, le 3 juillet 1867 avait eu lieu la promulgation, dans la colonie, de la convention monétaire conclue le 23 décembre 1865 entre la France, la Belgique, l'Italie et la Suisse, et l'on avait vu apparaître en abondance, les pièces de 2 francs, de 1 franc portant sur la face la tête laurée de Napoléon III, et au revers l'écusson impérial, ainsi que les pièces de 50 centimes portant au revers la couronne impériale. Quant aux pièces démonétisées, elles étaient autorisées à demeurer encore dans la circulation jusqu'au 1er janvier 1869. (Ce n'est qu'à partir de 1871 qu'on vit arriver les pièces de 20 sen et de 10 sen du Japon, qui n'eurent qu'une vogue très-courte.)

On voit dans le *Compte-rendu des travaux de la chambre de commerce depuis sa création* (Saigon, 1880), que, dès le mois de janvier 1869, la chambre, faisant une étude sur la situation monétaire de la colonie, reconnaissait que l'encaisse se composait d'environ un million de piastres et de deux millions de ligatures.

Mais déjà l'idée d'une monnaie spéciale à la colonie se faisait jour, les inconvénients de la piastre mexicaine étaient mis en lumière et l'on souhaitait que le Trésor émît des billets de 5, 10, 25, 50 et 100 piastres pour une valeur équivalent à un million de francs.

En 1872, une piastre mexicaine d'un modèle nouveau fut admise au cours forcé et au taux du *clean dollar;* c'est celle qui porte sur la face l'aigle mexicaine, posée sur un plant de nopal entre des branches de chêne et de laurier, avec les mots : *Republica mexicana,* en exergue. Au revers, le livre de la loi, l'épée et la balance surmontés du bonnet phrygien radié et portant la devise : *Libertad;* en légende : *un pezo* (Z^3, II 902.7).

En 1874, ce fut le tour du dollar américain, en argent, d'être admis légalement. Ce *trade dollar* porte sur la face l'aigle américaine, blasonnée, tenant une branche de laurier et des foudres; en exergue : *United states of America,* et la devise *E pluribus unum.* Au-dessous : *420 grains 900 fine trade dollar.* Au revers, une femme assise sur un socle, dans un champ étoilé; une gerbe de blé; dans sa main droite une branche d'olivier dans la gauche, une banderole portant le mot *Liberty.* Au-dessous, la devise *In God we trust* et le millésime. Faisant prime sur les marchés de Chine, cette pièce a disparu depuis 1878 et 1879.

Mais en 1879 arriva le jour où la Cochinchine française eut enfin sa monnaie divisionnaire à elle. Ce fut un pas immense dans la voie du bon ordre, et l'on vit la fin d'un malaise intolérable, sans parler des agiotages variés sur lesquels nous n'avons pas à insister et qui cessèrent, mais non sans avoir vidé la colonie de la totalité des monnaies nationales qui y avaient été envoyées successivement, ainsi que le constate l'arrêté du 22 décembre 1879.

Les nouvelles monnaies divisionnaires de la piastre et le billon, frappés pour le service spécial de la Cochinchine française, furent émis par le Trésor à partir du 1er janvier 1880, dans les mêmes conditions que les piastres et dollars déjà introduits par les décisions antérieures : le taux officiel de ceux-ci détermina leurs valeurs et ils durent en suivre les fluctuations. Les règlements financiers relatifs au mode et à la quantité de mise en circulation des monnaies nationales françaises, en argent ou en bronze, leur furent rendus applicables.

Ces pièces sont au nombre de cinq, savoir :

Argent. — 1º La pièce de 50 cents, moitié de la piastre, qui mesure 29 millimètres de diamètre, 2 millimètres d'épaisseur et pèse 13 gr. 607.

Elle présente, sur la face, l'image connue d'une femme assise à droite, le chef radié ; de la main droite élevée, elle s'appuie à un faisceau de licteur, sa main gauche tient la barre d'un gouvernail ; à sa droite, des moissons ; à sa gauche, une ancre. Une dentelure très-fine borde la marge. En légende, on lit : *République française ;* au bas le millésime *1879* et la signature du graveur, *Barre*.

Au revers, l'indication *50 cent*, au centre d'une couronne de chêne et laurier, et plus bas la lettre A, marque de l'atelier de Paris, entre une abeille et une ancre. En légende : *Cochinchine française. Titre 0,900, poids 13 gr. 607.*

La tranche est rayée.

2º La pièce de 20 cents, cinquième de la piastre, qui mesure 26 millimètres de diamètre, 1 millimètre 3 d'épaisseur et pèse 5 gr. 443.

Même face que la précédente.

Au revers, même couronne de chêne et laurier, au centre de laquelle on lit : *20 cent* et, plus bas, la lettre A, entre une abeille et une ancre. En légende : *Cochinchine française. Titre 0,900, poids 5,443.*

La tranche est également rayée.

3º La pièce de 10 cents, dixième de la piastre, qui mesure 18 millimètres 5 de diamètre, 1 millimètre d'épaisseur et pèse 2 gr. 721.

Même face que les pièces précédentes.

— 119 —

Revers de même, sauf pour l'indication de la valeur, *10 cent*, et du poids, *2,721*.

Tranche rayée.

Bronze. — 4º La pièce de 1 cent, centième de la piastre, mesurant 30 millimètres 5 de diamètre, 2 millimètres d'épaisseur et pesant 10 grammes.

Face : la même figure dans un grènetis de 20 millimètres de diamètre, et plus bas la marque de l'atelier de Paris et la signature A. B.

En exergue : *République française, 1879*, avec un deuxième grènetis autour de la marge.

Au revers, un cartouche renfermant les caractères 百分之一 *(Bách phán chi nhứt)*; à droite, le chiffre 1, à gauche, la lettre C. (fig. 43) En exergue : *Cochinchine française, poids 10 gr.* entre deux grènetis.

La tranche lisse.

5º La *sapèque* de cuivre, mesurant 20 millimètres de diamètre, 8/10ᵉˢ de millimètre d'épaisseur et pesant 2 gr., avec un trou carré central, de 5 millimètres de côté, bordé d'une marge étroite comme au pourtour de la pièce.

Dans le champ de la face est écrit : *Cochinchine française, 1879*. Au revers et disposés circulairement, les caractères 大法國當之安南二 *(đại pháp quấc đương nhi chi an nam)*.

Les pièces de ce genre ne peuvent être données ou reçues par les caisses publiques de la colonie qu'en ligatures complètes de 100 *sapèques,* valant 20 cents. Elles ont remplacé avantageusement les pièces de 1 centime françaises, que l'Administration avait eu l'idée de lancer dans la circulation en 1878, après les avoir fait trouer dans les ateliers de l'arsenal de Saigon. Cette singulière combinaison, qui rappelle les procédés en usage dans les places de guerre étroitement assiégées, ne fut pas couronnée de succès, ces trous grossièrement pratiqués au centre des pièces leur faisait perdre près d'un dixième de leur valeur ; ce n'était même plus des centimes et on ne put réussir à les faire accepter par la population sous aucun prétexte. Revenues presque toutes dans les caves du trésor, ces pièces y demeureront, sans doute, jusqu'au jour où l'on se décidera à les fondre pour en utiliser le métal. Il faut bien avouer, d'ailleurs, que si l'émission des pièces d'argent de la Cochinchine française a satisfait tout le monde, même les pays voisins, qui nous les empruntent si volontiers et si largement ainsi que et surtout les pièces de 1 cent., on n'en peut dire autant de notre *sapèque* de cuivre. Reçue avec la plus grande répugnance par les indigènes, ceux-ci la réservent pour le premier paiement à faire. Nous avons ouï dire que ce mauvais vouloir est l'effet du procédé par trop cavalier dont on a usé lors des premières émissions : le Trésor donnait les *sapèques* à guichet aussi ouvert que possible, mais.... ne les reprenait plus. Dès que les contribuables s'en aperçurent et ce ne fut évidemment pas long, ils prirent peur, les notables n'en voulurent plus accepter en paiement des contributions individuelles, et ces pièces furent discréditées du coup. Il y aurait sans doute des moyens bien faciles de rendre à cette petite monnaie, si commode pour les indigènes, la vogue qui lui revient tout naturellement.

Dans le tableau annexé, on trouvera les détails de l'émission des monnaies propres à la colonie.

TABLEAU faisant ressortir les envois de monnaies divisionnaires de la piastre.

DATE DE LA RÉCEPTION des valeurs.	DÉSIGNATION DES VALEURS REÇUES.					PRIX DE REVIENT du group.	DIFFÉRENCE ENTRE LE PRIX de revient et le prix d'émission.	PRIX DE REVIENT de la piastre dans chaque valeur. (émission à 5 f. 35).
	SAPÈQUES (pièces).	CENTS (pièces).	10 CENTS (pièces).	20 CENTS (pièces).	50 CENTS (pièces).			
2 Août 1879....	1,000,000	»	»	»	»	9,220f 00	1,480f 00	4f 61 environ.
16 Sept. 1879...	3,000,000	»	»	»	»	27,660 00	4,440 00	4 61
Idem..........	3,000,000	»	»	»	»	27,660 00	4,440 00	4 61
16 Oct. 1879....	»	»	»	»	180,000	424,156 05	57,343 95	4 71
Idem..........	3,000,000	»	»	»	»	27,660 00	4,440 00	4 61
Idem..........	»	»	181,690	311,721	»	381,130 17	49,615 45	4 74
10 Nov. 1879....	4,000,000	»	»	»	»	36,880 00	5,920 00	4 61
Idem..........	»	»	218,310	38,279	»	140,109 80	17,644 58	4 74
22 Déc. 1879....	5,000,000	»	»	»	»	46,100 00	7,400 00	4 61
Idem..........	4,000,000	»	»	»	»	36,911 52	5,888 48	4 61
14 Février 1880.	»	500,000	»	»	»	14,976 63	11,773 37	3 00
Totaux.......	20,000,000	500,000	400,000	350,000	180,000	1,144,804f 17	165,945f 83	»

Papier-monnaie. — C'est la banque de l'Indo-Chine, fondée en vertu du décret du 21 janvier 1875, avec un privilège de vingt années, qui a émis le premier papier-monnaie dans la colonie. D'après l'article 15, § 1 de ses statuts, la banque peut mettre en circulation, à l'exclusion de tous autres établissements, des billets au porteur, par coupures de 1,000 francs, 500, 100, 20 et 5 francs; à titre provisoire, elle est autorisée à formuler ses billets en monnaie locale, soit en piastres, pour des valeurs à peu près équivalentes à celles ci-dessus. C'est ainsi qu'il a été émis des coupures de 100, de 20 et de 5 piastres, remboursables à vue par la succursale et reçues comme monnaie légale, dans l'étendue de la colonie, par les caisses publiques ainsi que par les particuliers.

La succursale de Saigon a fonctionné pendant près d'un an avant d'être mise en possession de ses billets. Elle émit d'abord des coupures de 20 et de 5 piastres; puis parurent, en 1877, celles de 100 piastres.

L'émission de ces billets s'élevait à 2,190,000 piastres en 1880, avec une circulation de 786,430 piastres; présentement la circulation en a doublé et se trouve bien près d'atteindre 1,500,000 piastres.

La coupure de 100 piastres est imprimée en bleu, sur une feuille mesurant 212 millimètres de longueur sur 145 millimètres de largeur. Au recto figure un portique d'une architecture orientale; devant le pilastre de droite se trouve la statue de Vasco de Gama; devant celui de gauche, un batelier chinois appuyé sur sa rame, auprès d'une proue à tête de dragon. Sur les piédestaux, le nombre *100*, et au bas un paysage maritime : un steamer passant, et des jonques chinoises.

En tête du billet se trouvent indiqués le numéro d'ordre et la série; on lit au-dessous : *Décret du 21 janvier 1875. Banque de l'Indo-Chine,* et la date de l'émission du billet.

A gauche, en français : *Cent piastres payables au porteur.* A droite et symétriquement, en anglais : *Hundred dollars to be paid on demand to bearer.*

Plus bas, les signatures du caissier, du directeur de la succursale et d'un administrateur à Paris, des dessinateurs et graveurs (A. Bramtot, G. Duval et J. Robert).

Au revers, dans des cartouches et ressortant sur de fins dessins d'ornement, sont imprimés les mots *Banque de l'Indo-Chine*, 160 fois répétés, *cent piastres*, énoncés 10 fois, et 2 fois la citation des pénalités édictées par l'article 139 du Code.

Sur le tout courent des caractères chinois, en colonnes et fortement imprimés en noir : *Gia đinh, tây cống. Nhứt bách nguơn. Ngân nhứt bách nguơn. Kiến tư giao ngân. Phụng bổn quắc đặc dụ. Đông phương nhai lý ngân hành.* (Basse-Cochinchine, colonie française. Cent piastres. Valeur en numéraire. Cent piastres, payables à vue. Émission de la banque de l'Indo-Chine, instituée par décret du Gouvernement.)

Au centre a été ménagé un médaillon en blanc, dans lequel on aperçoit, en transparent, une tête de Mercure, de profil et à gauche.

La coupure de 20 piastres mesure 205 millimètres sur 117. Le dessin du *recto* figure deux colonnes, massives, octogonales, reliées en haut par un treillis garni d'un léger feuillage et portant, au centre, sur des banderolles, les mots *Décret du 21 janvier 1875*. Dans les angles intérieurs de ce portique, deux dragons et des palmiers. En avant de chacun des deux piliers se trouve un éléphant, de face, avec son cornac accroupi. Dans des écussons, au chapiteau et sur le piédestal, le nombre *20*.

Au bas, deux femmes accoudées, dans des positions symétriques : à droite, l'Europe, une faucille à la main et ayant auprès d'elle un bœuf couché ; à ses pieds, des gerbes et des ceps. A gauche, l'Asie appuyée sur un tigre couché, des végétaux exotiques.

Des indications analogues à celles imprimées sur le billet de cent piastres figurent dans ce cadre, mais pour vingt piastres seulement.

Au *verso*, les mêmes cartouches et la tête de Mercure, et, sur le tout, la même inscription, en caractères chinois, donnée plus haut, sauf le chiffre de la valeur. Ce billet est signé des dessinateurs A. Bramtot et G. Duval, et du graveur Ch. Wullschleger.

La coupure de 5 piastres est longue de 181 millimètres et large de 93. Dans un cadre, à droite, un médaillon en blanc, avec la même tête de Mercure en transparent; le chiffre 5 dans les angles supérieurs du cadre. Au-dessous, un Neptune sur deux dauphins.

Dans le champ du billet, on a inscrit à l'encre brune les indications déjà lues au *recto* des précédentes coupures et pour une valeur de cinq piastres.

Au *verso*, deux médaillons en blanc, entourés par un dragon. Mêmes cartouches que ci-dessus et les signatures des mêmes artistes. Sur le tout, l'inscription ordinaire, en caractères chinois.

Il nous reste encore à parler des médailles frappées à l'intention des expositions coloniales, pour récompenser les sujets méritants. Nous avons vu par quatre fois déjà le gouvernement réunir à Saigon, par les soins du comité agricole et industriel, les produits les plus dignes d'être exposés aux yeux du public.

Dans la première de ces solennités, qui eut lieu dans les magasins de l'Avalanche, en 1866, il fut distribué 69 médailles d'argent de 3 classes et 142 médailles de bronze.

L'exposition de 1867 occasionna la distribution de 90 médailles d'argent et de 171 médailles de bronze; mais ces pièces, en quelque sorte, n'appartiennent pas en propre à la Cochinchine française : on avait d'abord prévu 12 médailles d'or, 42 médailles d'argent et 150 médailles de bronze; il avait été décidé, dans la séance du 28 juin 1865, du comité agricole et industriel, qu'elles auraient au revers une inscription circulaire en français et en carctères chinois, le milieu portant une inscription française indiquant la classe de la médaille, et au-dessous la même indication en annamite; ce projet n'a été accompli qu'en partie car celles qui furent distribuées l'année suivante portent sur la face la tête laurée de Napoléon III, à gauche, avec la légende *Napoléon III, empereur;* au bas la signature *Barre*. Au revers, on lit, au centre, le mot *Industrie,* le nom du titulaire et le millésime, dans un cercle entouré d'un grènetis; en exergue : *Ministère de la marine et des colonies,* au bas, *Cochinchine*.

La tranche est lisse.

Depuis 1867, deux expositions ont encore eu lieu : la première en 1874; on n'y distribua pas moins de 4 grandes médailles d'or, 5 médailles d'or de 2ᵉ classe, 131 médailles d'argent des trois classes et 175 médailles de bronze. Cette fois comme dans la 4e exposition, qui eut lieu dans les magasins des ponts et chaussées, en 1880, les médailles portaient, sur la face la tête de la République, diadèmée et ornée de grappes et d'épis de blé ; en exergue : *République française,* et au-dessous, la signature *Barre.* Au revers et au centre, *Exposition de 1880,* et en légende *Agriculture et industrie. Cochinchine.*

Sur la tranche lisse on a exprimé l'indication de la nature du métal.

Le nombre des médailles distribuées en 1880 s'est élevé à :
Or, 8; argent, 89 (des 3 classes); bronze, 112.

Il est regrettable que l'imperfection de nos moyens n'ait pas permis de donner ici des spécimens des dessins des monnaies spéciales à la colonie, du papier-monnaie et des médailles; on a essayé d'y suppléer autant que possible par les descriptions.

A cette occasion, il est bon d'avertir le lecteur que, dans la représentation des pièces, on a été obligé de figurer en noir les reliefs, laissant en blanc les creux, au contraire du procédé ordinaire. Le graveur indigène n'eût pas pu donner aux traits, sur le bois, la finesse désirable.

Saigon, le 1er octobre 1882.

J. SILVESTRE,
Inspecteur des affaires indigènes.

www.ingramcontent.com/pod-product-compliance
Lightning Source LLC
Chambersburg PA
CBHW071727090426
42738CB00009B/1902